W0373860

Sauerampfer

Kochen mit der Vielfalt der Natur

GARTEN Küche

von
Elisabeth Plitzka
Benjamin Schwaighofer

ELISABETH PLITZKA
BENJAMIN SCHWAIGHOFER

GARTEN Küche

VOM BEET FRISCH AUF DEN TISCH

FOTOGRAFIERT VON
RUPERT PESSL

styria verlag

INHALT

„ESSEN STATT VERGESSEN!“

Vorwort

Pflanzen sind die Basis unserer Ernährung – und des guten Geschmacks!
Dabei: Unsere wichtigsten Genusspflanzen sind beileibe nicht so in der Natur entstanden, wie wir sie heute nutzen. Sie sind das Ergebnis eines langen, oft sogar Jahrtausende langen Zusammenspiels von uns Menschen mit dem breiten genetischen Potenzial wilder Pflanzen.
Ist es nicht großartig, was dabei herauskam? Wie aus ein paar unscheinbaren Süßgräsern regional angepasste, ertragreiche Getreide wurden, aus Wildlattich und Wegwarte eine Fülle an köstlichen Sommer- und Wintersalaten. Oder Hunderte nahrhafte Kartoffelsorten und Tausende farbenfrohe Tomatenvarietäten – sie alle haben ihren Ursprung in wenigen Wildpflanzen, genauso wie Paprika oder Kürbisse, Kraut oder Rüben.
Doch diese Vielfalt ist bedroht. Seit 1900 sind weltweit etwa 75 Prozent der bereits einmal kultivierten Pflanzen für immer verloren gegangen, in den Industrienationen sogar 90 Prozent, und dieser dramatische Verlust geht weiter, wofür es viele Ursachen gibt.

„Essen statt vergessen“ ist wohl eine der wirksamsten Formeln zur Erhaltung und Verbreitung einer lebendigen Kulturpflanzenvielfalt. Unbekannte Gemüse und Kräuter über den Gaumen zu entdecken macht doppelt Freude: zuerst beim Zuschauen, wie es sprießt und wächst, und dann als kulinarischer Genuss am Teller. Denn nur wenn die Vielfalt der Aromen, Farben und Formen auch von uns für die Küche begehrt wird, hat sie eine Überlebenschance auf dem Acker und in den Gärten.
Mein herzlicher Dank geht an das Autorenteam. Elisabeth Plitzka gärtnert als Urmitglied der ARCHE NOAH seit Jahrzehnten im Namen der Vielfalt, Benjamin Schwaighofer betreibt mit viel Können und Enthusiasmus die ARCHE NOAH-Gartenküche in unserem Schaugarten in Schiltern.
Lassen Sie sich von diesem Buch zum Gärtnern und Kochen für vielfältigen Genuss inspirieren!

Beate Koller
ARCHE NOAH

Pflanzen sind die Basis unserer Ernährung – und des guten Geschmacks!

ARCHE NOAH IN SCHILTERN

ELISABETH PLITZKA

BENJAMIN SCHWAIGHOFER

WARUM DIE GARTENKÜCHE IMMER BELIEBTER WIRD

10 genussvolle Freuden, die ein Do-It-Yourself-Küchengarten für uns bereithält

100 % FRISCH … weil wir genau nach Bedarf und immer zum besten Zeitpunkt ernten können.

100 % KÖSTLICH … weil wir unsere Beete nur mit Pflanzen teilen, die uns einfach schmecken.

100 % SINNLICH … weil wir unsere Zuwendung nur an Pflanzen geben, die wir lieben.

100 % VIELFÄLTIG … weil wir aus der ganzen Fülle schöpfen und ausprobieren können, was sich für das Agrobusiness nicht lohnt.

100 % FANTASIEVOLL … weil wir täglich neu aus Farben, Düften und Aromen nach Lust und Laune komponieren können.

100 % NACHHALTIG … weil wir in der richtigen Menge ernten und die ganze Pflanze vom Blatt bis zur Wurzel nutzen können.

100 % FAIR … weil wir nicht die „andere Hälfte" der Welt benutzen, um selbst satt zu werden.

100 % SAISONAL … weil es gar nicht anders geht.

100 % REGIONAL … weil es hier bei uns, unter unserer Hand wächst und gedeiht.

100 % BIOLOGISCH … weil wir keine Chemie an unsere Pflanzen lassen.

PFLANZEN, ERNTEN & GENIESSEN

Unsere Garten- und Küchenphilosophie

Gärten sind seit jeher Orte der Sehnsucht und der Erfüllung, der Freude und der Lebenslust. Beim Gärtnern sind wir ganz bei uns und unserem Tun. Wir vergessen die Zeit und unsere Seele tankt neue Kraft für den Alltag. All unsere Sinne werden wach in der Begegnung mit der Natur. Es sind Momente stillen Glücks, wenn wir beobachten, wie alles wächst, grünt und blüht, wie es säuselt, summt und duftet. Und mit etwas Zuwendung, Geduld und guter Erde können wir aus Beet und Topf die frischeste Ernte für uns und unsere Liebsten gewinnen.

Gutes Essen beginnt mit guten Zutaten! Für unsere **GARTENKÜCHE** haben wir zuallererst in die prall gefüllte Schatzkiste nahrhafter Kulturpflanzen geschaut. Und daraus aus langjähriger Erfahrung gewählt, was köstlich schmeckt, sich einfach zubereiten lässt und auch ohne extra grünen Daumen gut gedeiht. So wird Ihr Küchengarten rasch zum üppigen Gourmetparadies.

Wir stellen Ihnen altbewährte, aber auch schon fast verschwundene Gemüsesorten vor, ebenso Neuentdeckungen und exotische Raritäten. Vor dem Gaumengenuss geht es ans Pflanzenwerk. Sie werden staunen, was in wenigen Wochen oder Monaten aus ein paar Samenkörnern unter Ihrer Hand an Köstlichkeiten heranwächst!

Rasche Erntefreude bieten zarte Pflücksalate, würzige Asia-Salate, süße Zuckererbsen oder die feinen Melden. Üppigen Erntesegen kann man bei Tomaten, Zucchini, Melothria oder Mangold erwarten. Und einmal gut eingewachsen, gedeihen Grünspargel, Rhabarber, Bronzefenchel, wilde Rauke oder Winterheckenzwiebel Jahr für Jahr fast wie von selbst. Auch Kartoffeln, Zwiebeln, Rote Rüben oder Kohlgewächse lohnen sich sehr, wenn man dabei besondere Sorten wählt. Wem es Vergnügen macht, auch im Winter in der Erde zu buddeln, greift zu Pastinake und Topinambur samt den frosttauglichen Wintersalaten oder verlagert seinen grünen Daumen nach drinnen zu Sprossen und Microgreens.

Am besten verwandelt sich der Gartenwunsch in Ernte, wenn man einfach loslegt und probiert, Gelungenes genüsslich verspeist wie Misslungenes toleriert, den Austausch mit anderen sucht. Was kann schon passieren? Mit den Pflanzen wachsen auch Ihre Fertigkeiten!

Auch unsere Rezepte sind von leichter Hand, einfach und mit wenigen Zutaten nachzukochen. Apropos Zutaten: Was (noch) nicht im eigenen Garten gedeiht, kommt im besten Fall aus heimischer Biolandwirtschaft, von kleinen Verarbeitungsbetrieben und lokalen Märkten. Das schont Umwelt und bringt Einkommen vor Ort.

Gärtnernde Menschen, die pflanzen, was sie gerne essen und wozu die Neugier sie verlockt, holen sich die Inspiration für eine Mahlzeit beim Flanieren zwischen ihren Beeten und Töpfen. Was frisch am allerbesten ist, gerade besonders reif oder sich in üppiger Menge anbietet, kommt mit in die Küche. Und dann beginnt das Spiel mit Farben, Formen und Aromen.

Oft sind es Gegensätze, die ein Gericht spannend machen. Zum Beispiel bitter–süß wie Radicchiosalat mit vollreifen Himbeeren, mild–herb wie neutrale Kartoffeln mit Palmkohl, süß–scharf wie Zuckererbsen mit Kren (Meerrettich) und viele weitere Kombinationen mehr. Geschmack ist sehr individuell. Wer für mehr als eine Person kocht, wird dies schon erlebt haben. So bilden sich im Laufe der Zeit auch Lieblingsmenüs, die dann je

nach Saison leicht zu variieren sind. Zwei, drei Farben am Teller sind appetitanregend, zu viele Eindrücke können zu sinnlicher Verwirrung führen. Und auch die Haptik spielt eine Rolle für unser Genusserlebnis. Schmelzend weiche Blätter von Spinaten erhalten durch einen knackigen Gegenspieler wie Radieschen neue Struktur, saftige Tomaten umhüllen bissfestes Gemüse. Mit einer ordentlichen Gabe Butter, Rahm oder Frischkäse lässt sich mildern, was einem sonst zu scharf, zu bitter, zu würzig erscheint. Und aromatische Öle oder eine Handvoll Kräuter sind ein Zaubermittel, wenn der letzte Kick noch fehlt.
Am besten lernt man eine Pflanze kennen, indem man sie zuerst einmal so pur wie möglich verkostet. Sie werden sehen: Drei Karottensorten können nicht nur verschiedene Farben tragen, sondern sich in ihrem Aroma oder ihrer Konsistenz deutlich unterscheiden und sich für unterschiedliche Zubereitungsarten empfehlen. Das gilt z. B. auch für die wunderbare Vielfalt von Tomatensorten! Mit unserer **GARTENKÜCHE** möchten wir Sie ermuntern, selbst Hand anzulegen und Ihre Kochtöpfe mit köstlich-frischer Vielfalt zu füllen – von Anfang an, vom Samenkorn bis zum fertigen Genuss!

Elisabeth Plitzka · Benjamin Schwaighofer

Infos

Die Vielfalt unserer Nutzpflanzen spielt sich innerhalb von Arten und Sorten ab. Damit sind jeweils typische Eigenschaften wie Form, Farbe, Geschmack oder Anforderungen nach Standort und Pflege verbunden. Im Alltagsgebrauch und je nach Region existieren oft mehrere Namen nebeneinander. Damit das nicht zur Verwirrung führt, benutzen wir zusätzlich die Terminologie der Botanik mit ihrem international gültigen System. Zuerst kommt großgeschrieben der **GATTUNGSNAME**, *dann kleingeschrieben der* **ARTNAME** *(beides Latein und kursiv). Dann folgen unter „Anführungszeichen" gesetzt die* **SORTENNAMEN** *in der Landessprache ihrer Züchter. Mit diesen Bausteinen lassen sich weltweit gezielt Saatgut, Jungpflanzen oder vertiefende Informationen beschaffen.*

FRISCHES JUNGES GRÜN

Blattgemüse und Salate

Es ist immer wieder ein faszinierendes Erlebnis. Wenn im hellen Licht des Frühlings die ersten grünen Triebe sichtbar werden, Blätter und Blüten in plötzlicher Fülle sprießen und der Garten vor grüner Kraft nur so strotzt, wächst auch in uns die Freude am neuen Leben.

Nichts liegt dann näher, als die frischen Blätter, Knospen und Blüten, die die Natur nun so überreich bereithält, auch in die Küche zu holen und zu genießen. Greifen wir also zu Saattüte und Schauferl, wühlen wir mit bloßer Hand in warmer, duftender Erde, gehen wir wieder ans Pflanzenwerk!

SALATE UND KRÄUTER IN HÜLLE UND FÜLLE

Das ganze Jahr gesunde Vielfalt aus eigener Hand

Der Salat gehört zu unseren ältesten Nutzpflanzen. Er kann im Zusammenspiel mit uns Menschen eine lange Geschichte vorweisen und ist dabei zu großer Form und Vielfalt aufgelaufen. Mit unseren individuell gewählten Schönheiten kann ein bislang schlichter Salatteller zu einem opulenten Gemälde werden und hält neben ästhetischem Augenschmaus auch erstaunliche Geschmackserlebnisse bereit, ob grün, gelb, purpurrot, rostbraun, bunt gefleckt oder bleich, rund, gekraust oder gezahnt, knackig, dickblättrig oder weich, mild, süß oder scharf. Ein komplexes Bündel an Inhaltsstoffen macht unsere Gartensalate auch zu Quellen der Gesundheit, die bei Lagerung und Transport allerdings rasch schwinden. Also, auf in den Garten! Denn frischer als frisch gepflückt und damit in vollendeter Bestform geht es bei Salat nicht. Mit dem folgenden Wegweiser durch die Salatvielfalt können Sie für das ganze Gartenjahr frisches, gesundes Grün auf Ihren Tisch zaubern.

BABY-LEAF-SALATE

Im Balkonkasten und auf der Fensterbank erfreuen wir uns fast ganzjährig an Salatmischungen, die als **BABY-LEAF-SALATE** angeboten werden. In so einem Mix ist dann von allem dabei, was sich jung und frisch an Blatt anbietet. Weiche, bunte Pflücksalate und würzige Blattkohle sowie scharfe Rucola werden von der mehr herben Seite mit Mangold, Spinat oder Roten-Rüben-Blättern ergänzt. Baby-Leaf-Salate werden am besten in Reihen gesät und nach wenigen Wochen kann bereits zur Schere gegriffen werden, ab einer Wuchshöhe von etwa 8–10 cm lohnt sich die erste Ernte. Geht man dabei nicht zu gründlich ans Werk, bleiben die Herzblätter stehen und der junge Salat wächst gleich in die nächste Runde. Ein wenig Flüssigdünger oder ein paar Löffel Regenwurmhumus helfen dabei. So kann man jederzeit, bereits ab Februar bis in den Winter, und auch für den kleineren Bedarf selbst immer wieder frische Salatblätter heranziehen. Ihr schnelles Wachstum und ihre Buntheit machen auch Kindern Spaß. Meist zeigen sie stolz ihr „Grünzeug" im Pausenbrot her.

SCHNITTSALATE

Auch im Garten ist es am einfachsten, wenn wir für den Beginn **SCHNITTSALATE** wählen. Es gibt sie sortenrein (z. B. Schnittzichorie) als Solisten oder handelsüblich als „Misticanza" nach italienischem Rezept. Südlich der Alpen sind diese Salatmischungen schon längst etabliert. Wir säen diese gleich direkt an Ort und Stelle, in Reihen oder breitwürfig in feine Gartenerde. Zuerst die Erde gut anfeuchten, dann Saatgut gleichmäßig verteilen, fest andrücken, nur ganz leicht (samenkornstark) mit Erde bedecken und nochmals mit Hilfe eines Brettes oder dem Rücken eines Rechens gut andrücken. Vor allem in den ersten Tagen ist ein Schutzvlies empfehlenswert. Es lässt Licht und Luft durch und verhindert, dass die Erde mitten im Keimprozess austrocknet. Ist trotzdem eine Wassergabe nötig (Zeigefingerprobe), mit der Gießkanne sanft überbrausen.

PFLÜCKSALATE

Frühstarter in das Salatjahr sind auch die bunten **PFLÜCKSALATE** *(Lactuca sativa var. crispa),* die keine Köpfe bilden (müssen) und von denen man – ideal für kleine Haushalte – laufend, rundum von außen nach innen, Blatt für Blatt bis auf die Herzblätter

zum Weiterwachsen abbrechen kann. Sie sind erstaunlich kältefest, überstehen sogar kurz ein paar Minusgrade. Die bekanntesten dieser Gruppe sind die „Eichblattsalate" in Grün und Rot und die wuschelig-krausen Rosetten des grünen „Lollo Bionda" oder des roten „Lollo Rossa".
Bei mir hat sich vor allem die alte Sorte „Amerikanischer Brauner" mit bronzerotem, bitterfreiem Blatt bewährt. Für die erste Runde säe ich im milden Weinbauklima bereits im Spätherbst aus, schütze die aufgelaufene Saat mit Folie oder etwas Reisig und kann dann im Frühjahr bereits den Babypflanzen beim Wachsen zuschauen. Sehr früh (ab Februar unter Glas) kann man auch die Aussaat des schönen „Venezianer" wagen. Diese alte Sorte mit langen, schmalen Blättern von mildem Aroma eignet sich auch gut zum Schnitt sowie als Spinatersatz. Wer bitter ganzjährig liebt, möge seine Freude am „Catalogna" finden. Seine riesigen, löwenzahnähnlichen Blätter haben dickfleischige Blattrippen, die roh und gekocht eine Art Spargel abgeben. Pflücksalate können über das Jahr laufend in kleinen Einheiten nachgepflanzt werden, sie bilden das Rückgrat einer verlässlichen Salaternte.

ASIA-SALATE

Für den frühen Frühlingsanbau sind auch alle unter **ASIA-SALATE** oder **ORIENTAL GREENS** vereinten Blattkohle wie Mizuna, Senfkohl oder Pak Choi in ihrer jugendlichen Form geeignet. Sie lassen sich von zwischendurch mal frostigen Tagen nicht gleich verschrecken, im Gegenteil: Säen wir Asia-Salate, wenn es schon wärmer wird, gehen sie gerne in rasche Blüte, anstatt zu wachsen. Ihre beste Zeit wiederholt sich ab frühem Herbst, und für den Winter kann man einen Vorrat im Garten oder im Balkonkisterl lassen. Bei Schutz vor Feuchtigkeit (kleiner Folientunnel, unter dem Hausdach, ungeheiztes Glashaus) sind sie bis etwa minus 10 Grad echte Überlebenskünstler.

BUTTERKOPF- UND KRACHSALATE

Unter den **KOPFSALATEN** *(Lactuca sativa var. capitata)* gibt es ausgesprochene Frühlingssorten wie „Maikönig" und „Maiwunder", die uns auch ohne Mistbeet und Glashaus die ersten prallen Köpfe in die Küche liefern. Zwei Wiener Lokalsorten, die aufgrund ihrer Winterhärte auch außerhalb eines Frühbeetes meist gut gelingen, sind „Wiener Frühlingsgruß" mit zarten, gelbgrünen Blättern und „Wiener Butterhäuptl" als Inbegriff eines knackigen, festgeschlossenen Kopfsalates.
Viele Kopfsalate fallen bei höheren Temperaturen und langen Tagen in das Verhalten ihrer wilden, „kopflosen" Vorfahren zurück, beginnen überaus rasch in die Höhe zu schießen und zu blühen. Interessanterweise haben sich einige Butterkopfsorten mit rotem Blatt wie die alte französische, ganzjahrestaugliche „Merveille des quatre saisons" (Wunder der vier Jahreszeiten) oder der kleine, aber kompakte „Forellensalat" mit seinen roten Flecken und Sprenkeln als recht sonnentauglich erwiesen. Auch die Wiener Lokalsorte „Kagraner Sommer" bildet im trocken-heißen pannonischen Klima Ostösterreichs verlässlich große grüne Köpfe.
Kopfsalate mit härteren, dicken Blättern, die sogenannten **KRACH-, BATAVIA- ODER EISSALATE**, halten Hitze ebenfalls gut aus und schießen nicht verfrüht in Blüte. Als österreichische Lokalsorten sind „Grazer Krauthäuptel" oder „Grüner aus Maria Lankowitz" mit rötlichen Blatträndern und „Gelber Kaiser" mit hellgrünem, blasigem Blatt robust und bewährt.

ROMANA-SALATE

Traditionelle Salatzüchtungen aus warmen Gefilden sind ihrer Herkunft gemäß an viel Sonne samt Hitze gewöhnt. Die Gruppe der **RÖMISCHEN ODER ROMANA-SALATE** *(Lactuca sativa var. longifolia)* bildet keine festen Köpfe, sondern starke, aufrecht wachsende, schlanke Blätter, die sich mehr oder weniger dicht aneinanderschmiegen. Der eigentümliche Name „Forellenschluss" steht für eine rot-grün gesprenkelte Sorte, die im Grazer Raum schon seit Langem beliebt ist. Der Romana-Salat „Teufelsohren" kam wohl aufgrund seiner großen, länglichen Blätter mit dunkelroten Spitzen zu seinem ehrfurchtgebietenden Namen. Diese alte Sorte zeichnet sich durch ihren feinen Geschmack aus und strotzt vor Gesundheit. Von frühreif bis spätschießend ist diese Spezialität ein wahrer

Anpassungskünstler im Verlauf des Gartenjahres. Alte Sorten dieser Romana-Gruppe wurden aufgrund des losen Wuchses gerne mit einer Schnur zusammengebunden, daher werden sie mancherorts auch als **BINDESALAT** bezeichnet. Im Inneren bilden sich dabei zarte, hellere Blätter. Die ansonsten grobe Blattstruktur samt dicken Blattrippen weist die Römischen Salate auch als Kochgemüse aus. Aus Großmutters Alt-Wiener Spezialitätenküche kennen manche noch den mit einer Mehlsauce eingedickten **KOCHSALAT** mit Erbsen, der im Sommer den Spinat ersetzen musste. Dafür eignet sich ausgezeichnet „Wiener Maidivi", eine traditionelle, raschwüchsige Sorte mit viel gelbgrüner, fleischiger Blattmasse. Da bleibt auch nach dem Kochen noch genug zum Beißen übrig.
Bedingt durch die lange Züchtungsgeschichte, gibt es heute eine beinahe schon unüberschaubare Vielfalt von Gartensalaten *(Lactuca sativa)* für jede Jahreszeit, Klimasituation und Bodengüte. Aus dieser großen Bandbreite nach und nach die eigenen Lieblingssalate herauszufinden ist ein äußerst lustvolles Unterfangen.

GARTENKRÄUTER

Einige unserer beliebtesten Küchenkräuter gedeihen bestens in Gesellschaft von Gemüse. Damit **KERBEL**, **PETERSILIE**, **SCHWARZNESSEL** (Perilla), **MELISSE**, **BORRETSCH** (Gurkenkraut), **BASILIKUM** oder **ESTRAGON** genügend grüne und weiche Blätter bilden können, brauchen sie nährstoffreiche Erde und viel Wasser. Hell ist gut, mittags etwas Halbschatten als Schutz vor praller Sonne ist von Vorteil – ganz im Gegenteil zu den mediterranen Sonnenkindern, die trockene und magere Erde lieben. Mit härteren Blättern, oft spitznadelig oder grau- bis silberlaubig, sind **THYMIAN**, **ROSMARIN**, **SALBEI**, **OREGANO**, **BOHNENKRAUT**, **CURRYKRAUT** oder **LAVENDEL** von Natur aus für karge Verhältnisse gut gerüstet. Am besten gedeihen sie daher in einem eigenen Beet mit sandig-abgemagerter, wasserdurchlässiger Erde.
Zum Schutz vor der sengenden Sonne bilden Kräuter u. a. eine besonders hohe Dosis ätherischer Öle. Am intensivsten ist ihr Gehalt an heißen, sonnigen Tagen. Das ist auch die beste Erntezeit für Gartenkräuter, um sie für die Aufbewahrung zu trocknen. Ätherische Öle sind hochkomplexe Aromabündel aus einer Vielzahl einzelner duftender Öle, die bei allen Kräutern etwas anders „gemixt" sind. Das macht dann auch die Unterschiede aus: So kann z. B. Thymian von Steinpilz über Kümmel bis zu Orange oder Zitrone eine breite Duftpalette bieten. Oder **MINZE** – sie hat mal mehr oder weniger kühlendes Menthol, wozu sich dann von Apfel bis Schokolade oder Ingwer je nach Sorte für sie Typisches dazugesellt. Da ätherische Öle löslich sind, können wir ihre Aromastoffe beim Kochen gut in das jeweilige Gericht einbetten. Weiche Blätter geben ihren Duft schnell an die Umgebung ab, wir fügen sie daher erst am Ende des Kochprozesses hinzu oder verwenden sie bevorzugt roh in Salaten, Saucen oder Dips. Hartnadelige, feste Blätter oder Samen mörsern oder hacken wir fein. Mitkochen, Mitbraten oder längeres Ziehenlassen verstärkt den Effekt. Der sommerliche Kräuterduft lässt sich aber auch gut mit Auszügen in Öl oder Essig oder eingeschnitten in Salz oder Zucker für den Rest des Jahres konservieren. Damit haben wir stets eine würzende Zutat zur Hand, sowohl für pikante wie auch für süße Speisen.

WILDKRÄUTER

Für unsere Gartenküche nutzen wir auch gerne, was die Natur von alleine bereithält. Viele heimische Wildpflanzen sind in ihrer traditionellen Nutzung als Heilkräuter und Würzmittel in Vergessenheit geraten, vielfach werden sie gar als „Unkraut" verschmäht. In einem naturverbundenen Gartenkonzept lassen wir ihnen gebührend Platz in Beeten oder im Rasen. Ordnungsfans verweisen sie gebündelt in ein „wildes Eck".
Junge Blätter, Rosetten und Triebspitzen von folgenden Pflanzen bieten sich an:
Wilder Lattich, Löwenzahn, Schafgarbe, Spitzwegerich, Hirtentäschel, Vogelmiere, Bärlauch, Scharbockskraut, Gundelrebe, Pimpinelle, Giersch, Kerbel, Sauerampfer, Brunnenkresse, Wiesenerdbeere, Gänseblümchen, Veilchen, Franzosenkraut,

MIZUNA – ASIASCHNITTSALAT

FORELLENSALAT

PFLÜCKSALAT CATALOGNA

GRIECHISCHES STAUCHBASILIKUM

SCHWARZNESSEL

PIMPINELLE

WIENER FRÜHLINGSGRUSS

TEUFELSOHREN

Knoblauchrauke, Hopfen, Bocksbart, Klettenlabkraut, Wicken, Taubnessel, Klatschmohn und viele andere mehr.

ESSBARE BLÜTENZIER nutzen wir allein schon ihrer Farben und Formen wegen. Blüten von Hornveilchen, Kapuzinerkresse, Ringelblume, Kornblume, Dahlien, Taglilien, Sonnenblumen, Rosen oder Borretsch sind echte Hingucker. Zusätzlich Aroma geben die Blüten von mediterranen Kräutern sowie von Lauch.

Blüten dürfen alles verzieren, wofür sie uns gefallen. In kleinen Eiswürfeln eingefroren, dekorieren sie kühle Sommerdrinks, kandiert auch Torten oder Eis.

SALATRAUKEN UND SENFKRESSE

Herzhafte Würzlieferanten & würzige Scharfmacher

Trotz oder wegen ihrer fast krenähnlichen Schärfe, sogar von etwas mehr Strenge, haben einige noch recht wild anmutende Kreuzblütlergeschöpfe rasch unsere Herzen erobert. Die alten Römer wussten neben ihrer Würz- auch ihre Heilkraft zu schätzen. Ihr gesundheitlicher Wert ist heute mit einer langen Liste von spezifischen Inhaltsstoffen belegt, insbesondere die Gruppe der geschmacklich hervorstechenden Senfölglycoside samt einer Dosis Bitterstoffe tut unserer Verdauung und Immunstärke gut.

SCHARFE RAUKEN (RUCOLA)

Beginnen wir unseren kulinarischen Reigen mit der ausdauernden **WILDEN RAUKE** *(Rucola selvatica oder Diplotaxis tenuifolia),* erkennbar an ihren stark gezahnten, ziemlich festen Blättern. Sie hat im rohen Zustand den intensivsten Geschmack, mehr krenscharf herb als fein nussig und macht sich außer in Salaten auch auf einer Pizza oder gebraten samt Knoblauchwürze als Gemüse gut. Unter den Wilden Rauken gibt es eine neue britische Züchtung – „Dragon's Tongue" mit lilaroten Blattadern und von kräftiger Würze.
Im Frischeregal des Handels ist als Rucola meist die einjährige, sehr schnellwüchsige und geschmacklich etwas feinere **SALAT- ODER SENFRAUKE** *(Rucola coltivata oder Eruca sativa)* mit ihren weichen, rundlicheren Blättern erhältlich. Wer sie im Garten blühen lässt, kann sie spätestens dann zweifelsfrei anhand der Blütenfarbe – die ist nämlich weiß – von der wilden, gelb blühenden Verwandtschaft unterscheiden.
Bei Spezialsaatgutanbietern sind weitere Rauken mit ganz spezifischen Aromanoten aufzutreiben, so etwa die feuchtere, nährstoffreichere und durchaus auch schattigere Standorte liebende **WASABIRAUKE** *(Diplotaxis erucoides).*

Alle Rauken sind einfach auszusäen, draußen von April bis September, drinnen ganzjährig. Am besten laufend ernten, ab Blühbeginn werden die Blätter derber. Wer sie blühen lässt, kann die hübsche Blüte als Dekor nutzen.

WÜRZIGE KRESSEN

Eine absolut überzeugende Wiederentdeckung ist die in mittelalterlichen Kräuterbüchern bereits dokumentierte **SENFKRESSE** *(Lepidium latifolium).*
Im Geschmack ist sie der kurzlebigen Fensterbank- und **GARTENKRESSE** *(Lepidium sativum)* ähnlich, nur schärfer und pfeffriger ganz Richtung Kren (Meerrettich). Ein weiterer Vorteil: Dieses staudige Kressegeschöpf ist ausdauernd und produziert nicht nur jede Menge Wurzelausläufer (zum Verschenken oder Verspeisen!), sondern auch unermüdlich Nachschub an Blättern und duftenden Blüten. Und es lässt sich im Frühjahr unter einer Bleichglocke (dazu nehme man einfach einen Tonblumentopf) verfrüht zum Austrieb locken, der dann besonders fein und zart gerät. Heimisch an den Küsten Nordwesteuropas, gebe man ihr im Garten auch einen feuchteren Standort mit der einem Starkzehrer angemessenen Nährstoffreiche.
Wer gesunde Schärfe liebt, sei noch auf eine ebenfalls schon fast ausgestorbene und ebenso ganz einfach aus Samen zu ziehende Kresseart hingewiesen: **MACA** *(Lepidium peruvianum),* dem unverwüstlichen Ginseng der Inka, wird außer Wohlgeschmack eine ganze Reihe an löblichen Eigenschaften medizinischer und zauberkräftiger Art zugeschrieben, vor allem soll es die sexuelle Lust und Leistungsfähigkeit des Mannes steigern, aber auch gegen Depressionen und Müdigkeit wirksam sein.

AMPFER

Sauer erfrischt!

SAUERAMPFER *(Rumex rugosus)* ist ein mehrjähriges, saftiges, saures Heil- und Gewürzkraut. Es wurde bereits im Altertum als Verdauungshilfe zu fetten Speisen geschätzt und wird heute zur Entschlackung empfohlen. Die Wildpflanze ist auf feuchten, nährstoffreichen Wiesen in Europa, Asien und Amerika heimisch. Auch die kultivierte Form, der **GARTENSAUERAMPFER** *(Rumex acetosa),* der sich durch rundere, größere und etwas mildere Blätter auszeichnet, hat diese Vorlieben beibehalten, braucht also reichlich organische Düngung und Wasser. Halbschatten ist daher besser als volle Sonne. In der Natur werden Sauerampferblätter ab der Blüte herb und zäh, auch der Oxalsäuregehalt nimmt beim Altern sowie im Schatten zu. Im Garten pflücken oder schneiden wir daher bereits die ganz jungen Blätter mit etwa 5–7 cm. Die Herzblätter bitte belassen, denn dann wächst die Pflanze für häufiges Ernten gut nach. Nur die Blütentriebe ganz abzwicken, das kostet ihr sonst nur unnötige Kraft. Seit Kurzem ist auch der aus Frankreich kommende **ROTE SAUERAMPFER**, der nicht über Samen vermehrt werden kann, als Pflanze am Markt erhältlich. Er ist die einzige rotblättrige Art, die auch wirklich sehr sauer schmeckt.

Eine besonders attraktive Sauerpflanze ist der **BLUTAMPFER** *(Rumex sanguineus)* mit seinen tief dunkelroten Blattadern auf hellgrünem Grund. Er ist relativ frosthart und schiebt auch nach leichtem Reif oder Schneefall gleich wieder junge Spitzen nach. Nicht ganz so säuerlich wie die wilden Geschwister und zum Beispiel in einem buttergelben Kartoffelsalat optisch gefällig verpackt, kann man ihn getrost in die Küche schmuggeln und ihm dabei neue Freunde verschaffen.

SCHILDAMPFER *(Rumex scutatus)* oder auch **RÖMISCHER AMPFER** ist ein beliebtes feinsäuerliches Salatkraut in der Mittelmeerküche. Die südländische Pflanze ist hitzetolerant, an karge, sandig-steinige Standorte gewöhnt und damit pflegeleicht. Ihr buschförmiger Wuchs und das graublaue Laub macht sie zu einem sehr dekorativen Topfgeschöpf. Im Garten kann eine Pflanze gut und gerne bis zu einem halben Quadratmeter beanspruchen. Im Frühsommer zur Blüte einen Radikalschnitt machen, dann kommt wieder viel feines, junges Blatt zur Entfaltung. Mit dem Schildampfer haben wir ganzjährig, auch und gerade im Sommer, einen erfrischenden Säurespender für Salate und Dips zur Hand, der so nebenbei mit seinem hohen Vitamin-C-Gehalt punktet. Ein weiteres Plus ist sein wesentlich geringerer Oxalsäuregehalt.

Sauerampfer wurde bereits im Alterum als Verdauungshilfe zu fetten Speisen geschätzt.

SCHILDAMPFER

ROTER SAUERAMPFER

WIESENSAUERAMPFER

SCHILDAMPFER

BLUTAMPFER

GARTENSAUERAMPFER

WILDE MELDEN, ECHTE UND FALSCHE SPINATE

Blattgemüse neu entdeckt

Lange Zeit vor Einführung des heute allgegenwärtigen Blattspinats gab es in Europas Küchen eine breite Palette an heimischen Blattgemüsen. Einige haben den Weg zurück in unsere Küchen bereits wieder gefunden, andere sind willkommene Neuankömmlinge.

GARTENSPINAT

Die Araber brachten den **SPINAT** *(Spinacia oleracea)* im Mittelalter aus dem Kaukasus, seiner vermutlichen Heimat, mit nach Spanien, von wo aus er sich rasch in ganz Europa ausbreitete. Inzwischen gibt es wohl keinen Garten, in dem er nicht als Inbegriff für Gesundheit kultiviert wird, auch wenn wir inzwischen wissen, dass er seinen „phänomenalen" Eisengehalt einem Schreibfehler mit einer Zehnerpotenz zu viel verdankt.
Die meisten Züchtungen konnten dem Spinat eines bis heute nicht abgewöhnen: Er ist und bleibt eine Langtagpflanze, was heißt, dass er an langen hellen Tagen (mehr als 12 Stunden Licht) rasch in Blüte geht. Damit gibt es am sommerlichen Gartenspeiseplan eine große „Spinatlücke". Die wollen wir schließen und ihm zudem im Frühling oder Herbst pflegeleichte Verwandtschaft an die Seite gesellen.

GARTENMELDE

Da wäre zuerst einmal als fast schon vergessenes Gemüse die **GARTENMELDE** *(Atriplex hortensis)*. Sie wird je nach Region auch „Spanischer Spinat", „Kaiserspinat" oder „Bergspinat" genannt. Sie bietet uns attraktive Blätter von leuchtendem Rot bis Violett, hellem Gelb und kräftigem Grün. In ihrer Zartheit, Geschmack und Haptik sind diese jedem Babyspinat überlegen und daher auch roh im Salat eine Freude. Einzig Trockenheit lässt ihre Blätter hart werden, sonst sind sie butterweich. Ihre feine Struktur macht sie allerdings kaum lagerfähig und damit für den Handel uninteressant. Vom Beet oder Balkontopf frisch in die Küche geholt, können wir uns an dieser nostalgischen Delikatesse jedoch jederzeit bedienen. Die Sorten mit den Anthocyanen, jener Farbstoffgruppe von Rot über Blau zu Violett, sind nicht nur gesundheitsfördernd, sie behalten ihre Farbe beim Kochen und geben davon sogar großzügig an andere Zutaten ab.
Je öfter wir junge Blätter oder ganze Triebspitzen abzwicken, desto freudiger der Nachwuchs. Ab der Blüte werden die Blätter derber und herber im Geschmack. Wir können aber auch mehrmals schön in Reihen aussäen und dann nach etwa vier Wochen die jungen Blätter wie beim Schnittsalat handbreit über der Erde abschneiden. Zarter geht es nicht mehr!
Gartenmelde, die vom Wind bestäubt wird, sät sich sehr leicht selbst aus, also lassen wir eine schöne Pflanze ausblühen und erwarten ihren Neuauftritt ganz ohne unser Zutun im nächsten Frühjahr an einem ihr gefälligen Platz. Da ist sie nicht besonders wählerisch, nur Staunässe und schwere Böden behagen ihr nicht. Ansonsten – bei Direktsaat von Hand – streuen wir den feinen Samen breit über das Beet und halten es beim Aufwuchs locker und unkrautfrei. Haben wir mehrere Sorten (Farben) im Garten nebeneinander oder auch den wilden, ebenfalls köstlichen **WEISSEN GÄNSEFUSS** *(Chenopodium album)* in der Nähe, kann es in der nächsten Generation zu einer Überraschungs-Mixtur kommen. So wurden die Gartenmelden auch keiner gezielten Züchtung als stabile Handelssorten unterzogen. Sie haben sich

MANGOLD

GARTENSPINAT

MANGOLD

BLATTAMARANTH

BAUMSPINAT

GARTENMELDE

von Generation zu Generation in den Hausgärten erhalten und wurden über den Gartenzaun getauscht.
Der **GUTE HEINRICH** *(Chenopodium bonus-henricus)* ist ebenfalls ein vergessener Vorfahre des heutigen Spinats. Das Gute an ihm ist seine Mehrjährigkeit und seine Kältetoleranz bis in hohe Lagen. Dort gefällt es ihm sogar besser, denn er mag weder Hitze noch trockene Luft. Der Gute Heinrich treibt früh aus und gehört damit zum ersten frischen Grün des Jahres. Seine Blätter werden bis zur Blüte im Frühsommer genutzt.

BAUMSPINAT

Der aus Indien zu uns gekommene, großwüchsige Gänsefuß *(Chenopodium giganteum)* wird in England aufgrund seines bisweilen übermannshohen Wuchses als „**BAUMSPINAT**" *(spinach tree)* bezeichnet. Auch „**MAGENTASPINAT**" ist ein gebräuchlicher Name, denn der feine, purpurfarbene Staub in den Blattachseln und auf den jungen Herzblättern hinterlässt auf unseren Fingern und auch sonst überall seine charakteristische poppige Farbe.

BLATT-AMARANTE

Aus der großen Familie der Fuchsschwanzgewächse seien besonders die **BLATT-AMARANTE** empfohlen. Aus Südasien stammt der als „Chinesischer Spinat" eingedeutschte **DREIFARBIGE FUCHSSCHWANZ** *(Amaranthus tricolor)*. Die einzige in Europa als Blattgemüse genutzte Amarantart ist **ROTER MEIER** *(Amaranthus lividus)*. Beide zeichnen sich nicht nur durch ihre feine Textur, sondern auch durch ein hübsches Farbspiel ihrer Blätter aus, das von Grün bis zu Dunkelrot reicht.

EPAZOTE

Auch der Wohlriechende Gänsefuß, Mexikanischer Drüsengänsefuß oder **EPAZOTE** (*Chenopodium ambrosioides)* soll hier noch kurz vorgestellt werden. Er verströmt einen herben Duftmix aus Zitrone, Bohnenkraut und Minze. In Mexiko würzt man damit Bohnengerichte. Das von den Azteken genutzte Heilkraut wurde später als Jesuitentee bekannt. Diese Wildpflanze aus den tropischen und subtropischen Gefilden Amerikas wird erstmals im 18. Jahrhundert bei uns erwähnt, in milden Lagen verbreitete sie sich durch Selbstaussaat, im Garten übernehmen wir diesen Dienst.
Zu den Gänsefußgewächsen zählt nicht zuletzt auch die traditionelle indianische Körnerfrucht **QUINOA** *(Chenopodium quinoa)*, die als Superfood in unserer Ernährung gehandelt wird.

MANGOLD

Das bereits gelungene Comeback eines „Urgemüses" kann beim **MANGOLD** *(Beta vulgaris var. cicla)* gefeiert werden. Seine Abstammung von der Wilden Rübe *(Beta vulgaris ssp. maritima)* teilt er sich mit der Roten Rübe. Er gehört zu den ältesten Gemüsen der Welt, schon bei den Babyloniern ist seine Nutzung belegt. Der griechische Arzt Hippokrates erwähnt eine Rübe als Heilmittel und Krankenkost, bei der sowohl die Blätter als auch die Wurzeln gegessen werden. Mitte des 16. Jahrhunderts, in den berühmten Kräuterbüchern von Leonhart Fuchs, findet sich bereits eine Trennung in „weißen" Mangold und „rote" Rüben.
Die Entwicklung von der gemeinen Rübe zum feinen Gemüse vollzog sich beim Mangold in zwei Variationen. Einerseits in den **SCHNITT- ODER BLATTMANGOLD** mit weichen, großen Blättern ähnlich dem Spinat und andererseits in den **STIEL- ODER RIPPENMANGOLD** mit breiten, dicken Blattstielen, auch „Spargel des kleinen Mannes" genannt. Seine wahre Attraktion liegt jedoch in einem ausgeprägten Farbspiel aus Weiß, Goldgelb und Rot samt den daraus folgenden Mischfarben. Und außer glatten gibt es auch Sorten mit gekräuselten Blättern.

MANGOLD

GARTENTIPPS MANGOLD

Im Garten sind alle Gänsefußgewächse pflegeleichte, gesunde Gesellen, so man ihnen den passenden Boden zur Verfügung stellt. MANGOLD bevorzugt etwas feuchtere und nährstoffreiche Erde, ein humusreicher Lehmboden wäre die Idealform. Er ist schnellwüchsig und kältetolerant und kommt meist (mit etwas Schutz) auch in kalten Lagen gut über den Winter. Im zweiten Jahr ist die Ernte nicht mehr so ergiebig, da es dann ab Sommer zur Blütenbildung kommt. Mangold sät sich gerne selber aus, und bereits im späten Herbst oder nächsten Frühjahr kann man dann herzhaft von der eigenen Babyblattschwemme profitieren. Die krautigen Blätter und die kantig-gerillten Stängel der Blütenstände machen sowohl im Ziergarten als auch in der Vase eine dekorative Figur. Schnittmangold wird zur Vereinfachung der Ernte in Reihen gesät, Stielmangold beansprucht pro Pflanze je nach Wuchstyp etwa 30 x 30 cm und mehr für sich. Ausgesät oder gepflanzt wird ab April bis Sommer, und vom Babystadium bis zu voller Größe kann mehrfach rund um die Herzknospe Blatt für Blatt geerntet werden.

Hier einige bewährte alte und neue Mangoldsorten:

„LUCULLUS“: hellgrüne, krause Blätter. In einem Saatgutkatalog um 1900 als an Größe und Schönheit allen bekannten Sorten überlegen gepriesen. Feiner Geschmack.

„GLATTER GENFER“ bzw. „GLATTER WINTERMANGOLD“ ist sehr robust. Bei Aussaat Mitte/Ende Juli kann die erste Ernte bereits im zeitigen Frühjahr erfolgen.

„FEURIO“ besitzt leuchtend rote Stiele und rote Blattadern, die beim Kochen ihre Farbe behalten, aber auch alles andere miteinfärben. Nur für milderes Klima geeignet, da nicht so frosthart.

„FIVE COLOURS“: Dieser Stielmangold vereint in einer Samenpackung den buntesten Mix. Die Blattfarben variieren zwischen Hellgrün, Dunkelgrün und Rot, bei den Stielen finden sich Weiß, Gelb, Orange, Rot und Violett.

ROTER NEUSEELÄNDERSPINAT

„SPINATE“ EINMAL ANDERS

Wärmeliebende Neuentdeckungen aus tropischen Ländern

MALABARSPINAT bzw. **INDISCHER SPINAT** oder **CEYLONSPINAT** sowie der noch ganz unbekannte **SURINAMSPINAT** sind bei uns ideale Hochsommergemüse und zudem auch optisch von hohem Reiz. Wenngleich ihre deutschen Gebrauchsnamen die spinatartige Verwendung suggerieren, schmecken sie roh am besten.

Die dickfleischige Konsistenz ihrer wasserspeichernden Blätter behält so den knackigen Biss samt erfrischend süß-säuerlicher Note, mit Anklängen an Zuckererbsen oder Zuckermais. Die Blätter werden laufend jung geerntet, im Ganzen oder feingeschnitten reicht man sie pur als Salatsolisten oder mit Joghurt mariniert zu Kartoffeln oder Frischkäse. Sie lassen sich auch cremig-sämig versmoothen oder knapp vor Garende einem Risotto oder Rührei beifügen, wobei der Malabarspinat dann sein rot-violettes Farbspiel entfaltet.

MALABARSPINAT

MALABARSPINAT *(Basella alba und Basella rubra)* gibt es in einer grünen und roten Form. Er ist eine rankende Pflanze mit Potenzial für mehrere Meter und hat dazu gerne eine Schnur zu Hilfe. Die nebeneinander aufgespannten Ranken bilden einen äußerst reizvollen Balkonschmuck. Aus den Blattachseln erscheinen im Spätsommer kleine rosa Blüten, die zu violett-roten bis tief violetten Früchten reifen. Ihr Farbstoff ähnelt einer Holunderbeere, man kann mit ihr auch für entsprechende Farbeffekte bei den Speisen sorgen.

SURINAMSPINAT

Der **SURINAMSPINAT** *(Talinum paniculatum),* in China auch „Erdginseng“ bzw. Tu Ren Shen genannt, hat hellgrüne, festfleischige, dabei aber zart bleibende Blätter, die laufend geerntet werden können. Hübsch sind auch die rosa Blüten und dunkelroten Samenkapseln, die den Surinamspinat, benannt nach dem südamerikanischen Kleinstaat Suriname, zu einer sehr exotischen Schnittblume machen.In der traditionellen chinesischen Medizin wird der vitamin- und nährstoffreiche Surinamspinat als Kräftigungsmittel verwendet.

NEUSEELÄNDERSPINAT

Der **NEUSEELÄNDERSPINAT** *(Tetragonia tetragonoides),* ein Vertreter der Mittagsblumengewächse, überzeugt durch seine Knackigkeit und tiefgrüne Farbe, die auch durch Erhitzen beim Kochen erhalten bleibt. Er ist auch die beste Wahl, wenn es um Hitzeverträglichkeit im Garten geht, denn er hält jedem noch so heißen Sommer stand, so lange er mit ausreichend Wasser versorgt wird.

Der Neuseeländerspinat liebt leicht erwärmbare, also sandige Böden mit gutem Humusgehalt. Jungpflanzen werden nach dem letzten Frost ins Freie gebracht, der Samen kann, da er eine sehr lange Keimdauer hat, bereits einen Monat vorher direkt im Freien gesät werden. Nach anfänglich zögerlichem Triebwachstum breitet sich die Pflanze bald bodendeckend aus oder versucht seine bis zu 1 Meter langen Sprosse irgendwie in die Höhe zu kriegen, wofür wir eine Stütze anbieten können. Ab jetzt genügen ihm regelmäßige Wassergaben. Als Ansporn für die fortwährende Blattbildung ist ein wenig Dünger durchaus ratsam. Geerntet werden am besten immer ganze Triebspitzen mit zumindest 4–5 Blättern, dies laufend und großzügig, je mehr, desto wüchsiger verhält sich der Neuseeländer.

SURINAMSPINAT

GARTENTIPPS SPINAT

MALABARSPINAT und **SURINAMSPINAT** sind in Spezialmärkten hin und wieder bereits erhältlich. Bei eigener Aussaat kann diese ab März zimmerwarm, im Juni bereits im Freien erfolgen. Dazu die Samen nur dünn mit Erde bedecken und gut feucht halten. Jungpflanzen dürfen erst nach dem Frost endgültig hinaus ins Freie, in kalten Gegenden ist auch weiterhin eine wärmende Hülle wie Glashaus oder Folientunnel vonnöten. Normaler lockerer Gartenboden, etwas Kompost ist nützlich, Halbschatten wird toleriert. Einmal eingewachsen – das dauert ein wenig –, vertragen die beiden sukkulenten Pflanzen auch Trockenzeiten gut. Wer die Möglichkeit hat, kann Surinamspinat im Topf als Zimmerpflanze überwintern. Malabarspinat braucht dazu mehr Platz, kann aber zurückgeschnitten und in einem Wintergarten, im hellen Stiegenhaus oder in ähnlich kühlen Verhältnissen für die nächste Saison aufgehoben werden.

MALABARSPINAT

NEUSEELÄNDERSPINAT

SALATE >14
AMPFER >20
KRÄUTER >16
MANGOLD >24

BLÜTENSALAT

mit Erdbeer-Minze-Dressing

ZUTATEN

junge Mangoldblätter
Sommersalate, z. B. Eichblätter, Romanasalate
junge feine Borretschblätter
Ampfer, z. B. Schildampfer, Blutampfer, Säuerling
essbare Blüten

Den Salat waschen und abtropfen lassen, sodass möglichst wenig Wasser am Salat zurückbleibt – so kann der Salat das Dressing besser aufnehmen. Salat und Blüten in mundgerechte Stücke zerteilen oder schneiden.

Im Sommer sind z. B. folgende Blüten zu finden: Kürbis, Zucchini, Borretsch, Malven, Rosen (z. B. duftende Englische Rosen), Klee, Salbei, Raps, Rucola, Löwenmaul, Taglilien, Ringelblumen, Kornblumen, Kapuzinerkresse, Eisbegonien, Zitronentagetes, Dahlien

ERDBEER-MINZE-DRESSING

4 EL Veltsam-Essig (oder Balsamico-Essig)
10–12 EL Pflanzenöl
eine kleine Handvoll Minze, z. B. kleinblättrige Bergminze
eine Handvoll frische Erdbeeren (oder 2–3 EL Erdbeermarmelade)
Salz, Pfeffer
Zucker nach Geschmack

Für das Dressing alle Zutaten außer das Öl in einen Mixbecher geben (oder einen Mixstab verwenden) und unter ständiger Zugabe des Öls auf mittlerer Stufe mixen. Bei Bedarf noch etwas Wasser zugeben!

Tipps

Eine **SALATSCHLEUDER** *erweist sich bei Blattsalaten bzw. Blattgemüse als sehr hilfreich, weil damit fast das gesamte Wasser, das beim Waschen am Gemüse haften bleibt, „weggeschleudert" wird. Dies ist besonders wichtig, wenn Blattgemüse in heißem Fett gegart wird, da zu viel Wasser am Gemüse leicht zu Verbrennungen führen kann!*

DRESSINGS *können ohne Probleme auf Vorrat hergestellt werden und im Kühlschrank – portionsweise oder in einer Glasflasche – für einige Tage aufbewahrt werden. Vor dem Gebrauch gut aufschütteln, da sich Öl durch längeres Lagern absetzt!*

SALATE >14
CHICORÉE >128
RADICCHIO >128

HERBSTLICHER BLÜTENSALAT

bitter-süß-scharf

ZUTATEN	
1 Kopf Radicchio, z. B. „Castelfranco", „Palla Rossa" *1 Stk. Chicorée* *1 Handvoll Vogerlsalat* *essbare Blüten*	Den Salat waschen, abtropfen lassen, sodass möglichst wenig Wasser auf den Blättern zurückbleibt, so kann der Salat das Dressing besser aufnehmen! Salat in mundgerechte Stücke zerpflücken oder schneiden. In einer großen Schüssel den Salat mit der Marinade vorsichtig mischen und mit den Blüten am Teller anrichten. *z.B. Rosenblätter, Ringelblumen, Dahlie für die Süße; Zitronentagetes, Rucola, Kapuzinerkresse für die Schärfe*

SALATMARINADE	
4 EL Veltsam-Essig oder Balsamico-Essig *1 TL Estragonsenf* *2 EL Wasser* *Salz, Pfeffer* *10 EL würziges Öl, z. B. Walnussöl oder Mohnöl*	Für die Marinade alle Zutaten zusammen mit einem Schneebesen kräftig aufschlagen.

Info

Eine wahre Vitamin-C-Bombe von erfrischender Schärfe ist die **KAPUZINERKRESSE** *(Tropaeolum majus), verantwortlich dafür zeichnen wie bei den verwandten Kreuzblütlern die Glucosinolate. Im Körper durch Enzyme zu Senfölen umgewandelt, hemmen diese die Vermehrung von Bakterien, Pilzen und Viren. Laut Studien so wirksam wie Antibiotika, hat es dieses würzige Küchenkraut in den Rang einer Arzneipflanze geschafft. Die Kapuzinerkresse stammt aus den Andengebieten und bereits die Inkas nutzten sie als Schmerz- und Wundheilmittel.*
In der Gartenküche schätzen wir ihre leuchtend grünen Blätter und vor allem die fröhlichen, dekorativen Kapuzen-Blüten in Orange, Rot und Gelb, die ebenfalls von angenehmer Schärfe sind. Sie ist unter allen Kressen die feinste für die Sommerzeit.

SALATE >14
ENDIVIE & ZUCKERHUT >126

BITTER-SÜSSER HERBSTSALAT

mit Himbeeren

ZUTATEN

feine rote und grüne Eichblattblätter
Bittersalate, je nach persönlicher Vorliebe: Radicchio, Endivie, Zuckerhut, Chicorée
ca. 10–15 Himbeeren, am besten frisch gepflückt
4–6 EL Balsamico-Essig
2–3 EL Hanfsamenöl
Salz, Pfeffer, Zucker

Die Salate in mundgerechte Stücke zerpflücken, waschen und trockenschleudern.
Den Essig, das Öl in einer Pfanne leicht erwärmen, aber nicht kochen lassen. Mit Salz, Pfeffer und einer Prise Zucker würzen, die frischen Himbeeren zugeben. Einmal kurz durchschwenken, dann die Blattsalate zugeben und wieder schwenken, sodass sich die Essig-Öl-Marinade gut auf dem Blattsalat verteilt.
Wenn die Marinade zu „essig-sauer“ gerät, kann die Säure durch Zugabe von Wasser und/oder etwas mehr Zucker entschärft werden.

Tipps

Wenn man den Salat nicht allzu bitter mag, so nimmt man als Salatbasis einfach mehr von den milden, süßlichen Eichblättern. Zusätzlich kann man die **BITTERSTOFFE** *in den Salaten abschwächen, indem man die Blätter in lauwarmem Zuckerwasser ein paar Minuten einweicht – dazu ca. 4–6 EL Kristallzucker in lauwarmem Wasser auflösen.*
Wenn Ihre Himbeersträucher gerade keine reifen Früchte für Sie haben, so können Sie natürlich auch süßfleischige Birnen oder aromatische Äpfel verwenden.

Info

HIMBEEREN IM GARTEN: *Himbeeren sind Waldbewohner, sie wachsen am Waldrand, auf Kahlschlägen oder im lichten Unterwuchs. Wenn wir ihnen im Garten ähnliche Verhältnisse bieten, werden wir mit reicher Ernte belohnt. Himbeeren brauchen einen humosen (eher leicht sauren) Boden, der gut Feuchtigkeit speichert. Sie sind Flachwurzler, deswegen geben wir ihnen zusätzlich eine sehr dicke Mulchschicht (Rinden-Holzhäcksel, Stroh …), darunter einmal jährlich eine ordentliche Portion Kompost oder Mist. In trockenen Gebieten regelmäßig gießen, ebenso bei Kultur in großen Trögen.*
Es gibt sommer- und herbsttragende Sorten und neben roten auch gelbe bis blauschwarze Beeren. Mit einem Sortenmix kann man von Juli bis Oktober monatelang frische Himbeeren naschen. Die Sorte „Romy“ ist der Waldhimbeere ähnlich und zudem nicht anfällig für die lästige Rutenkrankheit, die ganze Bestände vernichten kann.

KRÄUTER >16
SALATE >14
MANGOLD >24
RAUKE >19

FRÜHLINGS-WILDKRÄUTERSALAT

ZUTATEN

Milde Schnitt- und Pflücksalate oder Vogerlsalat
junge Mangoldblätter
Blätter mit scharfem Kressearoma wie Rucola oder junge Asia-Salate
Wildkräuter und Blüten
Saure Frühlingsgartenkräuter
Junge Oregano-Spitzen oder Thymiannadeln für mediterranen Geschmack

Salate und Wildkräuter waschen und trockenschleudern. Die Salat- und Gemüseblätter bei Bedarf zerkleinern, die Kräuter grob schneiden. Alles in einer flachen Schüssel gut vermischen.

Wildkräuter und Blüten: z. B. Pimpinelle, Schafgarbe, Spitzwegerich, Blätter und Blüten vom Löwenzahn, Erdbeer- und Himbeerblätter, Gundelrebe, Blätter und Blüten von Gänseblümchen, Blüten vom Klee, Hornveilchen, Primeln
Saure Frühlingsgartenkräuter: z. B. Blutampfer, Sauerampfer, Winterportulak

SALATMARINADE

3–4 EL Verjus
4 EL Öl
Salz, Pfeffer
Zucker nach Belieben

Essig, Öl, Gewürze und bei Bedarf etwas Wasser auf den Salat verteilen und mit den Händen vorsichtig durchmischen.

Kein Kochlöffel dieser Welt kann so sanft wie unsere Hände sein!

Tipp

Falls Sie es ausgefallen mögen, probieren Sie **MARILLENKERNÖL**, *das an Marzipan erinnert. Das Mandelaroma kann mit Blüten von Marille, Schlehe oder Kirsche verstärkt werden.*

Info

Die **PIMPINELLE** *oder auch* **KLEINER WIESENKNOPF** *(Sanguisorba minor) ist ein anspruchsloses mehrjähriges Garten- und Wildkraut, es gedeiht auf mageren Wiesen und sogar auf felsigem Untergrund. Ihre immergrünen feinen Fiederblätter besitzen ein scharfes Walnussaroma, das leicht erfrischend an Gurke erinnert. Schneidet man sie im Sommer samt den hübschen purpurroten Blüten laufend zurück, bilden sich immer wieder junge Blätter. Pimpinelle wurde seit dem späten Mittelalter im Garten kultiviert, dann aber von der in Mode kommenden Petersilie, mit der sie wie auch mit Estragon und Rosmarin gut harmoniert, ins Abseits gedrängt.*

PUFFBOHNEN & -SPROSSEN >87
SPINATE >22

WALDVIERTLER FRÜHLINGSFRÜHSTÜCK

Rührei mit Puffbohnen-Sprossen
Waldviertler Humus von der Puffbohne und weißen Riesenbohne
Roh marinierter junger Spinat mit Mungosprossen und Hanfsamenöl

RÜHREI

2–4 Eier
Salz, Pfeffer
etwas Butter
1 Handvoll Puffbohnen-sprossen

Für das **RÜHREI** die Eier aufschlagen, mit Salz und Pfeffer würzen, mit einem Schneebesen kurz schlagen, damit ein bisschen Luft eingeschlagen und das fertige Rührei etwas flaumiger wird.
In einer beschichteten Pfanne etwas Butter erhitzen, die Eier zugeben und bei mittlerer Hitze stocken lassen, kurz vor dem Anrichten die grob geschnittenen Puffbohnensprossen unterrühren.

WALDVIERTLER HUMUS

ca. ¼ kg Puffbohnen bzw. ¼ kg weiße Riesenbohnen, getrocknet
Salz
15–20 EL Rapsöl
2–4 EL Verjus
Pfeffer

Für den **WALDVIERTER HUMUS** die Puffbohnen und die weißen Riesenbohnen am Vortag in kaltem Wasser einweichen und an einem kühlen Ort über Nacht stehen lassen. Am nächsten Tag die Bohnen mit frischem Wasser in einem Topf kochen, bis sie weich sind, aber nicht zerkocht. Nun die Bohnen in kaltem Wasser schwemmen, damit sie abkühlen, abseihen und jetzt jede Bohne einzeln zwischen Daumen und Zeigefinger drücken, damit die Schale sich löst. Die geschälten Bohnen in einen Mörser geben und unter langsamer Zugabe des Hanfsamenöls die Bohnen zu einer Paste verarbeiten, zum Schluss mit Verjus, Salz und Pfeffer abschmecken.

ROH MARINIERTER JUNGER SPINAT

2–4 Handvoll junger Spinat bzw. Mangold
1–2 EL selbst gezogene Mungosprossen („Sojasprossen")
Salz, Pfeffer
2–3 EL Verjus
2–3 EL Hanfsamenöl

Für den **SPINATSALAT** die jungen Spinat- bzw. Mangoldblätter waschen, gut ausschütteln, in einer flachen Schüssel die restlichen Zutaten hinzufügen und vorsichtig mit den Händen vermischen.

Tipp

*Den **HUMUS** können Sie im Kühlschrank einige Tage aufbewahren – dazu den Humus mit einer Lage Öl bedecken, sodass keine Luft zum Humus kommt!*

Info

Falls Sie keinen Mörser besitzen oder Ihnen die handwerkliche Arbeit zu anstrengend erscheint, können Sie den Humus auch mit dem Stabmixer oder einem Mixbecher herstellen.

BRONZE-
FENCHEL >38

GEBACKENE POLSTERZIPF

gefüllt mit Bronzefenchel und Schafskäse

ZUTATEN

5 EL Schafskäse oder Bauerntopfen (möglichst trocken)
1 Ei
1 EL Bäckerbrösel
1 Handvoll Bronzefenchelblätter sowie -samenkörner (alternativ Gewürzfenchel)
Salz, Pfeffer
ca. ¼ kg Blätterteig, ausgerollt
etwas Mehl zum Verarbeiten
1 verquirltes Ei zum Bestreichen

Für die Fülle den Schafskäse bzw. Topfen, das Ei, die Bäckerbrösel und den klein geschnittenen Bronzefenchel gut vermischen. Mit Salz und Pfeffer würzen und ca. 10 Minuten im Kühlschrank abgedeckt ziehen lassen.
Den Blätterteig auf eine bemehlte Arbeitsfläche legen und mit einem Teigrad oder einem spitzen Messer ca. 10-cm-Quadrate ausschneiden.
Auf die Teigquadrate jeweils einen halben Eßlöffel von der Fülle in die Mitte geben. Den Teig rund um die Fülle mithilfe eines Pinsels mit verquirltem Ei bestreichen.
Den Teig diagonal zusammenfalten und darauf achten, dass die Luft herausgedrückt wird. Mit einer Gabel die Ränder zusammendrücken, sodass der Polsterzipf gut verschlossen ist. Das ergibt auch ein ansehnliches Muster.
Die Polsterzipf auf ein mit Backpapier belegtes Blech legen, mit dem verquirltem Ei bestreichen und mit den Samenkörnern des Bronzefenchels (oder des Gewürzfenchels) bestreuen.
Im vorgeheizten Backrohr bei ca. 200 °C Umluft ca. 10–12 Minuten backen. Je nach Backrohr kann die Zeit variieren, also regelmäßig kontrollieren. Wenn die Polsterzipf eine goldbraune Farbe haben, sind sie fertig.

Info

Der **BRONZEFENCHEL** *(Foeniculum vulgare „Purpureum“) ist ein sehr dekorativer mediterraner Doldenblütler mit bronzegoldroten, äußerst feinen und filigranen Blättern, der sowohl im Garten als auch in der Küche südländisches Flair entfaltet. Er schiebt seine Triebe der ersten Frühlingssonne entgegen und hält sogar einige kalte Nächte aus. Der bronzefarbene Vetter des grünen Gewürzfenchels hat die gleichen verdauungsfördernden, beruhigenden und appetitanregenden Inhaltsstoffe. Die jungen Blätter, zarten Stängel und würzigen Samen harmonieren bestens mit Knoblauch, Chili oder Tomaten, sie passen zu Nudeln und in Teigtaschen.*
Einmal im Garten etabliert, ist er mehrjährig und sucht sich durch Selbstaussaat weitere sonnige und trockene Plätze. Seine Blüten zieren eine bis zu 2 m hoch werdende Staude und sind ein sehr dekoratives Beiwerk in sommerlichen Blumensträußen.

RAUKEN >19
RADIESCHEN >136

EMMERNUDELSALAT MIT RUCOLA-VARIATION

ZUTATEN

1 EL Rapsöl
1 Handvoll Wasabi-Rucola
1 Handvoll Garten- oder Senf-Rucola (die mehrjährige ist schärfer)
5 EL Veltsam-Essig oder Balsamico-Essig
2–3 EL Walnussöl
Salz, Pfeffer
1 Prise Zucker
Rucolablüten und 1–2 Radieschen als frische Würze und Dekoration

Die Emmernudeln in viel Salzwasser weich kochen, abseihen und für einige Minuten in kaltes Wasser geben, dann wieder abseihen. Mit Rapsöl vermischen, damit sie nicht zusammenkleben.
Die Rucola-Variationen waschen, trockenschleudern und in mundgerechte Größe schneiden oder zupfen.
Den Veltsam-Essig mit dem Walnussöl vermischen und mit Salz, Pfeffer und einer Prise Zucker würzen und zu den Nudeln und der Rucola geben. – Am besten mit den Händen vorsichtig unterheben.
In einem Suppenteller oder einer Schüssel anrichten, mit den Rucolablüten und den sehr fein geschnittenen Radieschen bestreuen. Damit wird das Senf-Kresse-Aroma der Nudelwürze noch betont.

Tipps

Die richtige Menge Nudeln kochen ist sehr schwierig, auch für Profiköche! Macht nichts – dieses Gericht zeigt sehr gut, wie man übrig gebliebene Nudeln auch am nächsten Tag verwenden kann!
An heißen Sommertagen bietet sich dieser Emmernudelsalat gut für eine KALTE JAUSE *an! Sollte er etwas gehaltvoller sein und als Hauptmahlzeit dienen, empfiehlt es sich, noch 3–4 EL Sauerrahm, Joghurt und/oder würzige Schafkäsewürfel hinzuzufügen. Beim Anrichten als erfrischende Ergänzung einige Blätter grünen Salat darunterlegen oder auch ein paar Gurkenscheiben.*

DREIERLEI FRISCHKÄSEPRALINEN

mit Ampfer-Variation

ZUTATEN

3 EL Schafskäse bzw. Ziegenkäse oder Topfen (möglichst trocken)
1 TL Estragonsenf
Salz, Pfeffer, Zucker
Ampfer (Blutampfer, Schildampfer, Gartensauerampfer)

Den frischen Schafskäse bzw. Ziegenkäse oder Topfen mit Senf vermengen, mit Salz, Pfeffer und einer Prise Zucker würzen und ca. 30 Minuten im Kühlschrank rasten lassen.
Den Sauerampfer klein schneiden und mit dem Mörser zu einer Paste verarbeiten, die anderen beiden Ampfer klein schneiden.
Die Frischkäsemasse auf drei Teile aufteilen. Einen Teil mit der grünen Ampfer-Paste vermengen. In die zweite Masse einen der feingeschnittenen Ampfer untermischen, die dritte Teilmenge bleibt neutral.
Aus den drei Frischkäsemassen jeweils runde Kugeln formen.
Die neutralen Kugeln in dem verbliebenen, gehackten Ampfer rollen.
So erzeugen Sie drei verschieden aussehende, hübsche Pralinen. Beim Anrichten können Sie auch noch ein ganzes Blatt des jeweils passenden Ampfers als Aufputz und Erkennungsmerkmal anbringen.
Selbstverständlich können für die Pralinen auch andere, intensiv aromatische Kräuter verwendet werden, z. B. eine Variation aus Minze, Melisse, Oregano – und im Winter – getrocknete Kräuter oder Blüten.

Tipp

Wann immer Sie zwischen Ihren Handflächen schöne runde Kugeln oder Knödeln formen wollen, feuchten Sie Ihre Hände mit Wasser an, damit die zu formende Masse nicht an Ihren Händen kleben bleibt.
Die einzige Ausnahme ist Kartoffelteig: Hier verwenden Sie statt Wasser Mehl oder Kartoffelstärke!

Info

In guten Feinkostläden bekommen Sie sehr trockenen Frischkäse bzw. Topfen – oft auch **BAUERNTOPFEN** *genannt –, der sich für dieses Rezept besonders gut eignet. Sollten Sie nur Frischkäse bzw. Topfen zur Verfügung haben, der zu viel Wasser enthält, so entwässern Sie ihn selbst. Dazu den Frischkäse in ein Tuch geben, zusammenbinden und über Nacht an einem kühlen Ort aufhängen. Durch das Eigengewicht wird das Wasser herausgepresst!*

MANGOLD >24
PIMPINELLE >34
ERDBEEREN >69

JUNGER MANGOLD UND PIMPINELLE

mit Erdbeer-Mangold-Chutney

ZUTATEN

2 EL Rapsöl
4 Handvoll Blattmangold oder junger Stielmangold
2 Handvoll Pimpinelle
Salz, Pfeffer, Prise Zucker
ev. 1 EL gehackte Walnüsse

Das Rapsöl in einer großen Pfanne erhitzen, die in mundgerechte Stücke zerteilten Mangold- und Pimpinelle-Blätter in die Pfanne geben und sofort von der heißen Herdplatte nehmen, für ca. 20 Sekunden ständig durchrühren, mit Salz, Pfeffer und auf Wunsch mit einer kleinen Prise Zucker abschmecken.

Sofort auf einem Teller anrichten und möglichst rasch essen, da die zarten Blätter sehr schnell zusammenfallen! Wer mag, bestreut sie mit gehackten Walnüssen, die gut mit dem nussigen Geschmack der Pimpinelle harmonieren.

ERDBEER-MANGOLD-CHUTNEY

2 mittelgroße rote Zwiebel
4 EL Rapsöl
½ kg festfleischige Ananas-Erdbeeren (z. B. „Hansa“ oder „Jubilae“)
¼ kg Gelierzucker 2:1
2 Handvoll Blattmangold
Salz, Pfeffer

Für das **ERDBEER-MANGOLD-CHUTNEY** die Zwiebeln in kleine Würfel schneiden und in Rapsöl ohne Farbe kurz anbraten. Die in kleine Stücke geschnittenen Erdbeeren und den Gelierzucker zugeben und ca. 5–10 Minuten köcheln lassen – die Erdbeerstücke sollten nicht zerkocht sein.

Den gewaschenen Mangold (Stielmangold von den dicken Stielen befreien) in kleine Stücke schneiden und zu den Erdbeeren geben, für weitere 2 Minuten kochen, mit Salz und Pfeffer abschmecken.

Das Chutney noch heiß in Gläser abfüllen und sofort verschließen. Im Kühlschrank ist es für einige Wochen haltbar.

Tipps

Wenn Sie für das **CHUTNEY** *auch die* **MANGOLDSTIELE** *verwenden wollen, so können diese in kleine Würfel geschnitten und bereits gemeinsam mit den Zwiebeln angebraten werden. Das Chutney erhält dadurch im Kontrast zu den „schmelzenden“ Erdbeerstücken einen angenehmen Biss.*

Zur **HALTBARMACHUNG** *sterilisieren Sie die fertig verschlossenen Gläser im Dampfgarer bei 85 °C ca. 20 Minuten. Ist kein Dampfgarer vorhanden, können Sie die Gläser in ein Wasserbad stellen und bei 120 °C Umluft im Backrohr sterilisieren. Für die Aufbewahrung unbedingt einen kühlen und dunklen Raum wählen!*

VARIATION VON BUNTEM MANGOLD

Gegrillte Stiele & gefüllte Blätter

GEGRILLTE STIELE: Die dicken Stiele von den Mangoldblättern vorsichtig herausschneiden, sodass die Blätter ganz bleiben. Die Stiele der Länge nach in ca. 2–3 mm dicke Streifen schneiden, anschließend die Streifen auf ca. je 4–5 cm Länge schneiden und in Rapsöl bei großer Hitze rasch schwenken. Mit Salz und Pfeffer abschmecken.

GEFÜLLTE BLÄTTER: Den Frischkäse mit dem Estragonsenf, dem Eidotter und den Bäckerbröseln vermischen, mit Salz und Pfeffer würzen und ca. 20 Minuten rasten lassen.

Die Mangoldblätter mit der glänzenden Seite nach unten auf die Arbeitsfläche legen und je 1 EL von der Frischkäsemasse in die Mitte der Blätter setzen.

Nun die Blätter von der Seite und anschließend von oben und unten zu einen kompakten „Päckchen" zusammenlegen und mit Zahnstochern fixieren.

Mit Rapsöl einstreichen, auf ein mit Backpapier belegtes Backblech legen und bei 220 °C im vorgeheizten Backrohr 5–8 Minuten backen.

Die „Mangold-Päckchen" von den Zahnstochern befreien und gemeinsam mit den gegrillten Stielen anrichten.

ZUTATEN

10–15 große bunte Mangoldblätter, z. B. „Five Colours"
2 EL Rapsöl
3 EL Frischkäse
1 TL Estragonsenf
1 Eidotter
1 EL Bäckerbrösel
1 EL Rapsöl
Salz, Pfeffer
Zahnstocher für die gefüllten Mangoldblätter

Tipp

Oftmals können nicht alle Blätter zum Füllen verwendet werden, weil sie zu klein oder unförmig gewachsen sind. Diese nicht wegwerfen, sondern klein schneiden und in die Frischkäsemasse mischen. Ebenso können Sie die übrig gebliebenen Stiele verarbeiten!

MELDEN >22
AMPFER >20

ROTE UND GRÜNE GARTENMELDE

süß-sauer

ZUTATEN

4 Handvoll rote und grüne Gartenmelde
1 Handvoll Schildampfer
4–6 EL Mohnöl
3 EL Verjus
1 TL Honig
Salz, Pfeffer
etwas Wasser
essbare Blüten zum Garnieren

Die Gartenmelde und den Schildampfer von den dicken Stielen befreien, waschen und trockenschleudern.
In einer flachen Pfanne das Mohnöl, den Verjus und den Honig leicht erwärmen, mit Salz und Pfeffer würzen. Sollte die Marinade zu sauer geraten sein, ein wenig Wasser dazugeben.
Dann die Gartenmelde und den Schildampfer in das warme Ölgemisch geben. Dieses sollte auf keinen Fall zu heiß sein, da sonst das Blattgemüse zu sehr „zusammenfällt" und auch nicht mehr knackig bleibt. Daher nur kurz in der lauwarmen Marinade durchmischen und rasch mit den essbaren Blüten anrichten.

Tipp

Wie weiß ich, ob die Marinade zu heiß ist?
Die beste Methode zum Salatmischen ist die mit bloßen Händen. Daher die Hände als „Temperaturfühler" einsetzen! Ist die Marinade für die Hände zu heiß, ist sie auch für unser Blattgemüse zu heiß!

Info

Naturbelassene Fette & Öle sind nicht nur hochwertige Nahrungsmittel, sondern auch kostbare Hautpflegemittel. Bereits aus der Antike kennen wir Rezepte für die pure Nutzung als nährender Badezusatz, zur Make-up-Entfernung, für Peelings oder Massage. Mit in Öl kalt ausgezogenen Kräutern zaubern wir daraus gesundheitsbewusste Schönheitspflege.

EIERSPEIS MIT NEUSEELÄNDER-, SURINAM- & MALABARSPINAT

ZUTATEN

1 kleine Zwiebel
1 EL Butter
4 Eier
3 EL Schlagobers
3 EL Milch
1 kleine Handvoll frischer Neuseeländerspinat
1 kleine Handvoll frischer Surinamspinat
1 kleine Handvoll frischer Malabarspinat
Salz, Pfeffer
essbare Blüten (z.B. Phlox, Löwenmäulchen, Gänseblümchen)

Die Zwiebel in kleine Würfel schneiden und in der mittelgroßen Pfanne ohne Farbe in der Butter anschwitzen. Die ganzen Eier mit dem Schlagobers und der Milch mit einem Schneebesen gut verrühren, mit Salz und Pfeffer würzen und in die Pfanne zugeben.
Mit einem Kochlöffel ständig rühren, bis das Ei zu stocken beginnt.
Nun den Neuseeländer-, Surinam- und Malabarspinat in mundgerechte Stücke schneiden oder zerpflücken und zu dem Rührei geben.
Das Rührei zügig auf Tellern anrichten, sodass die Spinatblätter noch Biss haben. Mit den verfügbaren essbaren Blüten garnieren.

Tipps

Wenngleich ihre deutschen Gebrauchsnamen die spinatartige Verwendung anbieten, ist der Auftritt von **MALABAR- UND SURINAMSPINAT** *in der Küche roh am gelungensten. Die dickfleischige Konsistenz ihrer wasserspeichernden Blätter behält so den knackigen Biss samt der erfrischend süß-säuerlichen Note, die an Zuckererbsen oder Zuckermais erinnert.*
Es empfiehlt sich daher, die Blätter laufend jung zu ernten. Im Ganzen oder feingeschnitten, pur als Salatsolisten oder mit Joghurt mariniert, reicht man sie zu Kartoffeln oder Frischkäse.
Sie lassen sich auch cremig-sämig versmoothen oder knapp vor Garende einem Risotto oder Rührei beifügen, wobei der Malabarspinat dann sein prächtiges rotviolettes Farbspiel entfaltet.

SPINATE >26
KRÄUTER >16

SURINAMSPINAT

mit Basilikum und fruchtiger Joghurtmarinade

ZUTATEN

4 Handvoll Surinamspinat
2–3 Zweige festblättriges Basilikum, z. B. „African Blue", „Griechisches Strauchbasilikum"
essbare Blüten

Den Surinamspinat und das Basilikum blattweise von den Stielen zupfen, waschen und vorsichtig trockenschleudern.
Vorsicht: Nicht zu stark schleudern, sonst brechen die Surinamspinatblätter!

JOGHURTMARINADE

6–8 EL Joghurt
3–4 EL Verjus
2 EL Traubenkernöl
Salz, Pfeffer, Zucker

Für die Joghurtmarinade alle Zutaten mit einem Schneebesen glatt rühren. Wenn das Dressing wegen zu festem Joghurt zu dickflüssig gerät, mit etwas Wasser „verlängern".
Den Surinamspinat mit dem Basilikum in einer großen flachen Schüssel mit der Joghurtmarinade vermischen. Auf einem tiefen Teller anrichten und mit den Basilikumblüten bestreuen.
Wenn verfügbar, auch mit einer rot-orangen Dahlienblüte (siehe Foto), Taglilie oder Kapuzinerkresse dekorieren.

Tipps

Dieses Gericht ist ideal als Vorspeise – mit knusprig getoastetem Schwarzbrot – oder als Beilage zu gegrilltem Gemüse.
Keine **SALATSCHLEUDER** *vorhanden? Kein Problem! Legen Sie das gewaschene Blattgemüse auf ein großes Geschirrtuch. Nehmen Sie alle vier Ecken des Tuches in eine Hand und drehen Sie das Geschirrtuch über dem Kopf schnell im Kreis. Aber Vorsicht! Damit sich das Wasser nicht in Ihrer Küche verteilt, besser im Garten machen.*

Info

Das wärmeliebende **BASILIKUM** *(Ocimum basilicum), das ursprünglich aus Indien stammt, lädt mit seiner Vielfalt an Arten und Sorten zu immer neuen Entdeckungen ein. Das einjährige* **GENOVESER BASILIKUM** *(Ocimum basilicum „Genovese") ist eine italienische Züchtung, hochwachsend und großblättrig. Besonders dekorativ sind die rotlaubigen Formen mit rosa Blüten (O. basilicum var. purpureum). Aus Griechenland gelangte das kleinblättrige* **BUSCHBASILIKUM** *(„Piccolino") nach Mitteleuropa. Zupft man die benötigten Zweiglein locker verteilt aus dem dichten Blattschopf, bleibt die schöne Bubikopf-Form erhalten. Auch das aromatische, festblättrige Griechische* **STRAUCHBASILIKUM** *(O. basilicum „Neo Vital") und das* **AFRIKANISCHE STRAUCHBASILIKUM** *(Ocimum kilimandscharicum) sind im Gartenfachhandel bereits erhältlich. Basilikum braucht für üppigen Wuchs viel Wärme, Wasser und Nährstoffe.*

BLATT-
AMARANT >24
KRÄUTER >16

ROTER CREMESPINAT VOM BLATT-AMARANT

ZUTATEN

1 Zwiebel
1 EL Butter
¼ l Milch bzw. Gemüsesuppe
⅛ l Schlagobers
5–6 Handvoll Blatt-Amarant, grob gehackt
2 EL Butter
2 EL Mehl
als würzige Dekoration Wildkräuter nach Jahreszeit, z. B. einige Spitzen Klettenlabkraut (siehe Foto), feingehackte Schafgarbe, Pimpinelle oder Gartenkräuter, z.B. Perilla (Schwarznesselblätter)

Die Zwiebel kleinwürfelig schneiden und in der Butter farblos anschwitzen, die Milch bzw. Gemüsesuppe und das Schlagobers zugeben. 5–10 Minuten auf kleiner Flamme köcheln lassen, bis die Zwiebel sehr weich ist.
Nun die grob gehackten Amarantblätter dazugeben, einmal kurz aufkochen, dann von der Herdplatte nehmen und überkühlen lassen. Noch warm im Mixbecher gut mixen. Wenn gewünscht noch durch ein feines Sieb passieren, damit die faserigen Reste von Stielen oder gröberen Blättern entfernt werden.
Die Butter mit dem Mehl erhitzen, ohne dass die Mischung Farbe nimmt! Umrühren, damit das Mehl nicht anbrennt.
Dann die überkühlte Amarantcreme in die heiße Butter-Mehl-Mischung geben und erhitzen, bis die Masse eindickt.
Wenn die Konsistenz des Cremespinats zu fest wird, noch Milch bzw. Gemüsesuppe zugeben. Sollte er zu flüssig sein, noch etwas Butter und Mehl oder auch ein paar Löffel Topfen dazugeben. Nicht mehr aufkochen.
Mit den gehackten bzw. gezupften Kräutern dekorativ bestreuen.

Tipp

Gluten-Allergiker können anstatt der Butter-Mehl-Mischung Topfen (2–4 EL) verwenden, der sich hervorragend zum Binden eignet. Dazu den Cremespinat vorsichtig unter ständigem Rühren sanft erhitzen. Dabei darauf achten, dass die Temperatur nicht über 63 °C steigt, damit das Eiweiß nicht gerinnt!

Info

Roter Meier oder Roter Dom sind tiefrote Blatt-Amarante. Auch die Rote Gartenmelde oder die zarten jungen Blätter der Roten Rübe (die Sorte „Bulls Blood“ hat fast schwarzrote Blätter) lassen sich zu einem **ROTEN CREMESPINAT** *zubereiten. Hübsch ist auch, mit Farben zu spielen und zweierlei Spinate zu servieren – einen grünen und einen roten! Dazu passen als klassische Beilagen Kartoffelschmarrn und Spiegelei.*

BLATT-AMARANT >24
KNOBLAUCH >13

CREMESUPPE VOM BLATT-AMARANT

ZUTATEN

2 Zwiebel
3 Stk. Knoblauchzehen oder 1 kleiner Rundling
2 EL Butter
⅛ l Verjus oder Weißwein
¼ l Milch
¼ l Gemüsesuppe
5 Handvoll Amarantblätter
2–3 EL Sauerrahm
Salz, Pfeffer

Die Zwiebel in mittelgroße Würfel schneiden, mit dem klein geschnittenen Knoblauch in der Butter ca. 5–7 Minuten ohne Farbe anrösten, mit dem Verjus bzw. Weißwein ablöschen und reduzieren. Die Milch und die Gemüsesuppe zufügen und für 20 Minuten auf kleiner Flamme köcheln lassen.

Die Amarantblätter von dicken Stielen befreien, gemeinsam mit dem Sauerrahm in die Suppe geben und im Mixbecher oder mit dem Stabmixer pürieren.

Als Dekoration eignen sich z. B. ein paar Amarant-Spitzen sowie die Blüten des Schnittknoblauchs. Als Ersatz tut es auch geschnittener, gewöhnlicher Knoblauch samt seiner rosa Blüte.

Tipps

Dieses Rezept – ohne den Amarant – ist ein Grundrezept für **CREMESUPPEN** *und kann auch für alle anderen Blattgemüse verwendet werden.*

Wenn Sie den Sauerrahm in die Suppe geben, dann darauf achten, dass die Suppe nicht mehr stark erhitzt wird, da er sonst „ausflockt" – das Eiweiß trennt sich von der Molke.

Wenn Sie die Suppe sehr fein wollen und keine kleinen Stückchen vom Amarant mehr spüren wollen, so streichen Sie die fertige Suppe durch ein feines Sieb.

PAK CHOI >131
KARTOFFELN >120
SALATE >14

GEBRATENER PAK CHOI MIT BUNTEN KARTOFFELN

und Sprossensalat

Die Kartoffeln gut waschen und abtrocknen. Die kleinen Kartoffeln halbieren, die größeren vierteln, mit dem Öl vermischen, mit Salz und Pfeffer würzen und auf einem Backblech im Backrohr bei 180 °C Umluft ca. 10 Minuten braun rösten – je nach Größe der Kartoffelstücke kann diese Zeit stark variieren, daher lieber einmal zu oft in das Backrohr schauen und mit einer Gabel oder Messer prüfen, ob die Kartoffeln fertig gegart sind.
Den jungen Pak Choi der Länge nach halbieren (ältere in grobe Stücke schneiden). In einer Pfanne im sehr heißen Butterschmalz kurz anbraten, mit Salz und Pfeffer würzen.
Sobald der Pak Choi Farbe genommen hat, umdrehen bzw. durchrühren und sofort aus der Pfanne nehmen.
Mit den Kartoffeln durchmischen und gemeinsam anrichten.
Den Baby-Leaf-Salat gemeinsam mit den Sprossen und der Marinade in einem tiefen Teller oder in einer Schüssel anrichten.

ZUTATEN

2–3 Handvoll kleine bunte Kartoffeln, z. B. „Blaue Elise" (seit Kurzem in „Violetta" umbenannt), „Rote Emmalie" (zuvor „Rote Emma")
3 EL Rapsöl
Salz, Pfeffer
6–8 Stk. kleine Pak Choi
1 EL Butterschmalz
Salz, Pfeffer
3–4 Handvoll Baby-Leaf-Salat (italienischer Misticanza oder asiatischer Oriental Mix)
1–2 Handvoll Mungosprossen („Sojasprossen")
Salatmarinade (siehe Seite 34)

Tipp

Wem **SPROSSEN***genuss roh zu heikel ist, blanchiert diese kurz mit heißem Wasser. Das zerstört mögliche Keime, die sich bei zu langer Lagerung oder mangelnder Sorgfalt in der Herstellung bilden können.*

Info

SPROSSEN SELBSTGEMACHT! *Aus vielen Samen lassen sich grüne Sprossen auch ohne Erde ziehen. Dazu die Samen zuerst ein paar Stunden in Wasser einweichen, große Körner über Nacht. Dann abseihen, gut durchspülen, in ein Glas geben, hell und warm stellen. Ab jetzt bis zum Verbrauch täglich zweimal unter fließendem Wasser neuerlich durchspülen. Das geht am einfachsten mit im Handel erhältlichen Sprossengläsern. Sie haben einen Schraubverschluss mit Siebeinsatz. Damit kann man die Gläser auch gut auf den Kopf stellen, sodass es für den Keimprozess ausreichend feucht bleibt und die Samenkörner aber nie im Wasser liegen. So ein Sieb kann man auch mit Mulltuch und Gummiringerl improvisieren.*

KOHL >129
ASIA-SALATE >15
CHILIS >79

BLATTKOHLAUFLAUF MIT ASIA-SALATEN

und Chilisauce

ZUTATEN

3 Eier *1 Prise Zucker, Salz, Pfeffer* *2 EL Butter* *3 EL Einkornmehl* *1 EL feiner Grieß (Einkorn-, Emmer- oder Weizengrieß)* *3 Handvoll Blattkohl (z. B. Palmkohl oder Federkohl, auch junge Kohlrabiblätter)*	Die ganzen Eier mit einer Prise Zucker, Salz und Pfeffer in der Rührmaschine ca. 5 Minuten bei höchster Stufe aufschlagen. Die erhitzte flüssige Butter langsam zur Eimasse geben. *Achtung: Die Butter darf nicht mehr heiß sein, sonst stockt das Ei!* Nun mit einem Schneebesen das Mehl und den Grieß vorsichtig unter die Masse heben. Zum Schluss den in kleine Stücke geschnittenen Blattkohl zugeben und die Masse in eine feuerfeste, eingefettete Form geben. Im Backrohr bei 175 °C Umluft ca. 10–12 Minuten backen. Die Backzeit richtet sich auch nach der Höhe der Backform. Zur Kontrolle mit einer Nadel oder einem Messer in den Auflauf stechen: Wenn kein Teig darauf zurückbleibt, ist der Auflauf fertig.

CHILISAUCE

1 Zwiebel *etwas Rapsöl* *3–4 Fleisch- oder Saucentomaten* *Chilischoten – Menge nach Schärfegrad und Vorliebe* *Salz, Pfeffer, Zucker*	Die Zwiebel in mittelgroße Stücke schneiden und ohne Farbe mit etwas Rapsöl in einem breitem Topf anschwitzen. Die grob geschnittenen Tomaten und die klein geschnittenen Chili dazugeben, mit Salz, Pfeffer und Zucker würzen und ca. 20–30 Minuten auf kleiner Flamme köcheln lassen. Die Sauce auskühlen lassen und mit dem Stabmixer oder Mixbecher fein mixen. Aus dem Auflauf Portionen stechen, mit der Chilisauce am Teller anrichten.

ASIA-SALATE

4 Handvoll junge Asia-Salate (Mizuna, Senfkohle, Tatsoi) *6 EL Salatmarinade (Seite34)*	Asia-Salate marinieren und als Beilage reichen.

Tipps

Die Aromen von Blattkohl und jene der Asia-Salate harmonieren sehr gut. Sie stammen aus der selben botanischen Familie der Kreuzblütler, die alle ein komplexes Bündel scharf-würziger Senfölglykoside beinhalten.

CHILISAUCE *lässt sich ausgezeichnet auf Vorrat für das ganze Jahr zubereiten. Dazu kleine, gut gereinigte Gläser sehr voll mit der Chilisauce abfüllen. Zur besseren Haltbarmachung können Sie die fertig verschlossenen Gläser im Dampfgarer bei 85 °C ca. 20 Minuten oder bei 120 °C Umluft im Backrohr sterilisieren. Für die Aufbewahrung unbedingt einen kühlen und dunklen Raum wählen!*

KOHL >129
KRÄUTER >16
BLÜTEN >16

FEDERKOHLSEMMERL & STEAKSNACK MIT KERBEL

Herbstliche Gartenjause

FEDERKOHLSEMMERL

Federkohl
Rapsöl
Salz, Pfeffer
1 Semmel
etwas Butter
Ringelblumenblüten
1 Pefferoni

FEDERKOHLSEMMERL: Neben der Gartenarbeit im Herbst ein paar Blätter Federkohl pflücken, in der sehr heißen Pfanne in Rapsöl rasch braten, mit Salz und Pfeffer würzen, auf ein frisches oder auch getoastetes Buttersemmerl legen, mit den letzten Ringelblumenblüten vor dem ersten Frost bestreuen, noch schnell ein knackig-frischer Pfefferoni gepflückt – und fertig ist die Jause für zwischendurch.

Muss es vegetarisch sein? – Nein!

STEAKSNACK MIT KERBEL

1 Stück Rinderfilet oder Rindsschnitzel
Salz, Peffer
etwas frischer Kerbel
1 Ciabattaweckerl

STEAKSNACK MIT KERBEL: Ein gut abgelegenes Stück Rindfleisch beidseitig kurz gebraten, mit Salz und Pfeffer gewürzt, kurz rasten lassen, in der Zwischenzeit frischen Kerbel aus dem Garten geerntet und das Ganze auf ein getoastetes Ciabatta gelegt, und schon steht einem energiereichen Nachmittag nichts mehr im Wege!

Tipp

GARTENKERBEL *(Anthriscus cerefolium) und* **WIESENKERBEL** *(Anthriscus sylvestris): Kerbel mag feuchte und schattigere Plätze. In lichten Wäldern wächst er im Frühling flächendeckend, zur Blütezeit im Mai und Juni schweben seine Dolden wie eine weiße Wolke über den hellgrünen Blättern. Wegen seiner entschlackenden Wirkung und dem Gehalt an Vitamin C, Eisen und Magnesium ist er traditioneller Bestandteil von Fastensuppen.*

Im Duft ist Kerbel feinwürziger als Petersilie, mehr nach Anis und Fenchel. Auch seine Blätter sind zarter, daher erst am Ende der Kochzeit zugeben – z. B. zu Spargel, Kartoffeln, Fisch, Puffbohnen, Eierspeisen – oder roh gehackt in Frischkäse oder Kräuterbutter.

Kerbel ist kältefest und kann sehr früh gesät werden. Herbstaussaaten überwintern mit etwas Schutz. Dann gibt es mit den ersten warmen Tagen bereits frisches Grün. Wird er schon vor der Blüte geschnitten, produziert er neue Blätter.

KOHL >129
KARTOFFELN >120
BLÜTEN >16

GEGRILLTER PALMKOHL

mit bunten Kartoffelraritäten

ZUTATEN

2 Handvoll bunte Kartoffeln, festkochend, z.B. gelbfleischige „Bamberger Hörnchen" und „Rosa Tannenzapfen", dunkelviolette „Blaue Mauritius" oder die rosafleischige „Rote Emmalie"
Salz, Pfeffer
2–3 EL Rapsöl
1 Zweig Rosmarin
10–15 Blätter Palmkohl
2 EL Rapsöl
Butter, Salz und Pfeffer zum Abschmecken
essbare Blüten, z. B. Ringelblumen, Astern, Rosenblüten

Die Kartoffeln gut waschen und mit der Schale in ca. 1 cm dicke Scheiben schneiden, mit Salz und Pfeffer würzen und in einer Pfanne mit dem Rapsöl bei mittlerer Hitze knusprig braten. Kurz bevor die Kartoffeln fertig sind, den Rosmarinzweig dazugeben.
Die Palmkohlblätter in mundgroße Stücke schneiden und ebenfalls in Rapsöl, in einer eigenen Pfanne bei großer Hitze kurz knusprig braten und mit wenig Butter, Salz und Pfeffer abschmecken.
Gemeinsam mit den Kartoffeln auf einem flachen Teller anrichten und mit Blütenblättern dekorieren.

Tipp

Probieren Sie statt Kartoffeln einmal Topinambur, die einen herrlich feinen Eigengeschmack (nach Artischocke) hat und sowohl, roh, gekocht, gedünstet, gegrillt als auch in Püreeform unglaublich gut schmeckt.
*Die **TOPINAMBUR** schmeckt nicht nur aufregend gut, sondern bildet mit ihrem unkomplizierten Wuchs auch eine schöne Bereicherung für den Garten. In der Küche erfreuen sich unsere Augen an den dekorativen Blütenblättern auf dem Teller.*

BASILIKUM >52
RHABARBER >72

TOPFENKNÖDEL

mit Rhabarber-Erdbeer-Basilikum-Ragout

ZUTATEN

TOPFENTEIG
¼ kg Topfen
1 Eidotter, 1 Ei
1 TL Rapsöl
1 Handvoll Weizengrieß
1–2 Handvoll Bäckerbrösel
1 TL Kartoffelstärke
1 Prise Salz

BUTTERBRÖSEL
2 Handvoll Bäckerbrösel
50 g Butter
1 EL Kristallzucker
Staubzucker zum Bestreuen

Für den **TOPFENTEIG** alle feuchten Zutaten (Topfen, Eidotter, Ei, Rapsöl) und alle trockenen Zutaten (Weizengrieß, Bäckerbrösel, Kartoffelstärke, Salz) zuerst getrennt vermischen, anschließend alles zusammen mit der Hand vermengen und ca. 1 Stunde im Kühlschrank rasten lassen.
Für die **BUTTERBRÖSEL** die Butter in kleine Stücke schneiden, auf ein tiefes Backblech oder in eine Pfanne geben, Bäckerbrösel dazugeben und unter oftmaligem Durchrühren im Backrohr bei 165 °C ca. 45–60 Minuten braun rösten. Sobald die Brösel leicht überkühlt sind, den Kristallzucker zugeben.
Mit feuchten Händen aus dem Topfenteig Knödel formen und in leicht kochendes, gesalzenes Wasser geben. Die Herdplatte auf sehr kleine Flamme zurückdrehen, sodass das Wasser nicht mehr kocht. Die Knödel je nach Größe 8–15 Minuten ziehen lassen. Wenn sie an der Wasseroberfläche schwimmen, noch 2–4 Minuten warten, dann mit einer Schöpfkelle aus dem Wasser heben und in den warmen Butterbröseln wälzen. Topfenknödel mit Staubzucker bestreuen und mit dem Ragout anrichten.

RHABARBER-ERDBEER-BASILIKUM-RAGOUT
2–4 Stangen Rhabarber
1–2 EL Zucker
1–2 Handvoll Monatserdbeeren
1 Handvoll kleinblättriges Basilikum

Für das **RHABARBER-ERDBEER-BASILIKUM-RAGOUT** den Rhabarber schälen, in kleine Stücke schneiden, mit dem Zucker vermischen und langsam in einem Topf erhitzen. Wenn der Rhabarber weich wird, sofort vom Herd nehmen und die Erdbeeren zugeben. Die gezupften Basilikumblätter, z. B. Busch- oder Zitronenbasilikum, erst kurz vor dem Anrichten hinzufügen, sie welken sonst zu rasch.

Info

Unsere heute gebräuchlichen **GARTENERDBEEREN** *(Fragaria x ananassa) sind ein Kunstprodukt. Diese „Ananas-Erdbeeren" verdanken wir einer schon vor Jahrhunderten erfolgten Kreuzung aus zwei importierten Amerikanerinnen: der süßen, kleinen Scharlacherdbeere aus dem Norden und der großfrüchtigen, aber „faden" Chileerdbeere aus dem Süden. Alte Sorten aus dieser Linie sind nicht so leistungsfähig und ausgereift auch nur kurz haltbar. Pflegeleichter als die Gartenerdbeeren sind die* **MONATSERDBEEREN** *(Fragaria vesca semperflorens), die uns von Juni bis Oktober mit ihren würzig-süßen Früchtchen verwöhnen. Ihre Büsche blühen und fruchten unermüdlich, auch über viele Jahre, wenn wir sie gut mit Dünger versorgen. Eine dicke Mulchschicht aus Holzwolle hält die Beeren trocken und die Erde feucht. Als moderne, pflegeleichte Sorte empfiehlt sich „Florika", eine Kreuzung zwischen Garten- und Walderdbeere.*

Erdbeer-Schichtdessert
Himbeer-Joghurt-Lassi
Erdbeer-Joghurt-Smoothie

HIMBEEREN >33
ERDBEEREN >69
BASILIKUM >52

Fruchtig leicht bis gehaltvoll süß …

SOMMERLICHE DESSERTS

Himbeer-Joghurt-Lassi
Erdbeer-Schichtdessert
Erdbeer-Joghurt- & Erdbeer-Molke-Smoothie

HIMBEER-JOGHURT-LASSI

3 Handvoll Himbeeren
¼ l Joghurt

HIMBEER-JOGHURT-LASSI: Pürieren Sie 3 Handvoll frische Himbeeren (ersatzweise auch Himbeermarmelade) mit ¼ l Joghurt. Zucker nach persönlicher Vorliebe.

ERDBEER-SCHICHTDESSERT

3 EL Joghurt
3 EL Sauerrahm
2 Handvoll Erdbeeren
1 Zweig frische Minze

ERDBEER-SCHICHTDESSERT: Verrühren Sie 3 EL Joghurt mit 3 EL Sauerrahm und teilen Sie diese Mischung in zwei gleiche Teile. Einen Teil pürieren Sie mit einer Handvoll Erdbeeren.
Eine weitere Handvoll Erdbeeren pürieren Sie pur und füllen Sie als unterste Schicht in ein hohes Glas.
Anschließend die Joghurt-Sauerrahm-Erdbeer-Mischung vorsichtig daraufgeben und zuoberst die naturbelassene Joghurt-Sauerrahm-Mischung.
Als Dekoration passen frische Minze oder – falls Sie diese Pflanze im Garten haben – ein Zweig der orange blühenden Agastache (siehe Foto).

ERDBEER-JOGHURT-SMOOTHIE

2 Handvoll vollreife Erdbeeren
1 Zweig Griechisches Basilikum oder Zitronenbasilikum
1 TL Walnussöl
Honig oder Zucker zum Süßen nach Bedarf
1 Becher Schafsjoghurt (ersatzweise Griechischer Joghurt)
Ev. Walnüsse zum Bestreuen
Basilikumblüten zum Garnieren

ERDBEER-JOGHURT-SMOOTHIE: Die Erdbeeren mit Honig und Walnussöl und den Basilikumblättern in einem Smoothie-Mixer dickschaumig aufschlagen. Dieses Beerenmousse auf zwei Gläser verteilen. Vorsichtig mit einem Löffel den Joghurt darauf aufschichten.
Wer mag, verstärkt die nussige Komponente mit gehackten Walnüssen. Mit einer Basilikumblüte garnieren.

ERDBEER-MOLKE-SMOOTHIE

2 Handvoll Erdbeeren
¼ l frische Molke
Zucker nach Bedarf

ERDBEER-MOLKE-SMOOTHIE *(ohne Abbildung)*: Pürieren Sie 2 Handvoll Erdbeeren – am besten schmecken vollreife Monatserdbeeren – mit ¼ l frischer Molke. Nach persönlicher Vorliebe zuckern.

WEISSES SCHOKOLADENMOUSSE

mit mariniertem Rhabarber

ZUTATEN

6 Blätter Gelatine
150 g weiße Schokolade
3 Eier
1 EL Kristallzucker
300 ml Schlagobers
2–4 Stangen Rhabarber
150 g Erdbeeren zum Garnieren

Gelatine in sehr kaltem Wasser ca. 5 Minuten einweichen. Die weiße Schokolade in einem Topf über Wasserdampf schmelzen.
Die Eier mit dem Kristallzucker 8–10 Minuten mit dem Mixer gut aufschlagen, bis die Eimasse sehr schaumig und fast weiß ist.
Anschließend die eingeweichte Gelatine fest ausdrücken, sodass kein Wasser mehr dabei ist. Die Gelatine mit 2–3 EL Schlagobers leicht erwärmen (nicht kochen lassen), bis sie sich auflöst.
Mit dem Handmixer 250 ml Schlagobers steif schlagen.
Mit einem Schneebesen die Hälfte der Eimasse mit der flüssigen Schokolade verrühren und die Hälfte des geschlagenen Schlagobers unterheben.
Zuletzt die restliche Eimasse mit dem restlichen Schlagobers vorsichtig unterheben.
Die Masse in Weingläser füllen. Für ca. 3 Stunden in den Kühlschrank stellen, damit die Mousse fest wird.
Den geschälten und geschnittenen Rhabarber mit dem Zucker (ohne Wasser) in eine Schüssel oder einen Topf geben und bei ca. 85–95 °C im Backrohr garen. Ab und zu prüfen, ob der Rhabarber schon weich ist.
Schokoladenmousse mit Rhabarberstücken anrichten und mit den Erdbeeren garnieren.

Info

RHABARBERSTAUDEN *(Rheum rhabarbarum) werden sehr alt und sind von majestätischer Erscheinung. Damit sie jedes Jahr viele der von uns begehrten jungen Stiele bilden können, verlangen sie nach ordentlicher Ernährung. Da kann gar nicht zu viel gedüngt werden. Ein halbschattiger Platz ist ganz in ihrem Sinn und für Saft und Kraft ihrer massiven Gestalt brauchen sie ausgiebig Wasser. Besonders feinspitzig ist es, Rhabarber mit Hilfe einer schwarzen Folie, einem darüber gestülpten Eimer oder einer Tonglocke zu bleichen. Dies führt zu ungleich zarteren Ergebnissen in Farbe, Biss und Aroma – und es erübrigt sich auch das sonst obligatorische Schälen. Generell gelten rotfleischige Sorten als feiner und fruchtiger als die grünfleischigen, sie sind dafür nicht so wuchsfreudig.*

Erdbeer-
Schichtdessert
Seite 71
Weißes
Schokoladen-
mousse

RUND, BUNT, GESUND

Fruchtgemüse

Jetzt wird es fröhlich und bunt! Die Sonnenkinder unter den Gemüsen wachsen um die Wette. Sie bringen die Fülle und die Heiterkeit des Sommers auf den Tisch. Aus milden Gefilden der Erde in unsere Gärten geholt, stecken sie voll delikater Aromen. Viele sind auch roh, von der Hand in den Mund, ein erfrischend fruchtiger Genuss, und mit wenigen Handgriffen können wir sie zu köstlichen Mahlzeiten veredeln. Das gibt uns Zeit und Muße für erholsam-entspannte Plaudereien mit Freunden und Familie!

TOMATEN

Augenschmaus und Gaumenfreude

TOMATEN *(Lycopersicon esculentum)* oder **PARADEISER**, wie halb Österreich sie nennt, stammen aus Mittel- und Südamerika. Dort wurden sie schon von den Inkas und Mayas aus ihren Wildformen, den „Xitomatl", kultiviert. Das Nachtschattengewächs kam mit der Entdeckung Amerikas zu uns, wurde aber wie die verwandte Kartoffel vorerst nur als schmucke Zierpflanze verwendet. Heute sind Tomaten nicht nur im Ranking des österreichischen Gemüseverbrauchs mit fast 30 kg pro Kopf unangefochtene Spitzenreiter, auch in den Herzen und Beeten aller Gartenfreunde nehmen sie eine besondere Stelle ein. Tausende Sorten – allein bei ARCHE NOAH befinden sich über 600 im Archiv – machen das Probieren und Gustieren zum Vergnügen und die Sammellust bald zur Leidenschaft.

SORTENVIELFALT OHNEGLEICHEN

Tomaten erfreuen uns mit einer faszinierenden Verwendungs-, Farb-, Form- und Geschmacksvielfalt: ob für Salate, Saucen oder zum Direkt-von-der Staude-Essen, ob rund, glatt, gefurcht, ei-, dattel-, herz- oder pflaumenförmig. Es gibt sie von der Minibeere bis zum kilodicken Ball und in einem Farbspektrum von Weiß, Gelb, Grün, Orange, Rot bis zu Violett und Schwarz, die Geschmackspalette reicht von prickelnd frisch süß-sauer bis mehlig und leicht „fad". Allerdings, beim Kochen verändern sich manche Komponenten, daher gibt es eben typische Saucen- oder Salatparadeiser. Je saftiger, desto besser für Frischverzehr, je trockener das Fruchtfleisch, desto besser zum Kochen, Einkochen und Trocknen. Sonnenwarm und frisch gepflückt, bieten die meisten Tomaten das intensivste Aroma. Sie sind elativ lange haltbar, ideal bei 13–18 Grad, im Kühlschrank verlieren sie jedoch an Geschmack und Haltbarkeit. Zu den wichtigsten Inhaltsstoffen zählen viele Vitamine und Mineralstoffe sowie der rote Farbstoff Lycopin, der Tomaten eine antioxidative Wirkung verleihen soll. Hauptbestandteil der Tomate ist zu etwa 95 Prozent Wasser und mit nur 20 kcal je 100 g hält sie uns auch schlank und fit.

EIN KLEINER STREIFZUG DURCH DIE SORTENVIELFALT

Für die Topfkultur am Balkon sind alle kleinwüchsigen Sorten (bis 50/60 cm), zum Teil mit überhängendem Wuchs, geeignet, z. B. „Cherry Cascade" mit sehr kleinen, knackigen Früchten, „Ampeltomate Himbeerfarbige" und die ebenfalls himbeerfarbene, sehr frühreife und reichtragende Sorte „Dreikäsehoch". Die meisten kleinfrüchtigen Cocktailtomaten sind jedoch üppig wuchernde Massenträger, diese brauchen größere Pflanztröge. Von den Buschtomaten bleiben die feinsäuerliche, saftige „Piccolo" und die „Zwergtomate" sehr klein. Frühreifende Sorten, gleichermaßen für Salate und Saucen geeignet, sind „Quedlinburger Frühe Liebe" oder „De Berao", die auch kaum anfällig für Krautfäule ist. Auch in rauen Lagen ertragreich sind die unbegrenzt wachsende „Matina" und die robuste „Kremser Perle". „Tigerella", eine alte Sorte aus England, ist ein Massenträger mit süßen, kräftig rot-hell geflammten Früchten. Für farbige Abwechslung in Orange sorgen z. B. die saftige Salattomate „Auriga" oder die sehr dekorative „Green Zebra", eine gelborange-grün gestreifte Neuzüchtung mit sanftem Melonenaroma. Dramatisch dunkelfärbig sind etwa die Fleischtomaten „Lilac" in Rotbraun oder die frühreifende und sehr großfrüchtige „Schwarze von der Krim".

BOMBOLINO D'INVERNO

GREEN ZEBRA

TIGERELLA

CHILI PRETTY IN PURPLE

OCHSENHERZ

SANTA CRUZ KADA GIGANTE

„Weißer Pfirsich" ist weichschalig, samtig behaart und leicht gelblich. Sie liegt ebenso wie „German Gold" und die rote „Ochsenherz"-Tomate bei Sortenverkostungen immer im Spitzenfeld. Spezialistinnen sind „Cavern", eine bewährte Fülltomate mit innen hohler Frucht, oder „Santa Cruz Kada Gigante", die beste aller Ketchup-Tomaten. „Bombolino d'Inverno" ist in ihrer Kleinheit gut zum Trocknen geeignet, das gilt auch für die zuckersüßen, kleinen **WILDPARADEISER** *(Lycopersicon pimpinellifolium),* die sich perfekt zum Einlegen in Öl oder sogar für Marmeladen eignen. Aus ihnen wird ruckzuck das köstlichste aller Sugos. Was die vielleicht etwas mühsamere Ernte betrifft, so wird diese in der Küche wettgemacht, denn wir brauchen die Kleinen nur kurz in Öl oder Butter schmoren, nicht einmal schnipseln.

EXTRA: MIT EIGENEM SAATGUT DIE LIEBLINGSSORTEN ERHALTEN

Tomaten gehören zu den Selbstbefruchtern, damit sind keine unliebsamen Verkreuzungen zu erwarten. Das macht sie zu idealen Einstiegspflanzen für die eigene Saatgutgewinnung. Dazu nur die schönsten, gesündesten und reifsten sortentypischen Früchte auswählen. Wir lassen das Fruchtfleisch mit Wasser in einem Glas 2–3 Tage an einem warmen (22 bis 30 Grad), aber nicht sonnigen Platz gären. So werden die keimhemmenden Stoffe abgebaut. Die Samen werden dann mit einem Sieb von den Fruchtresten abgeschwemmt und sofort getrocknet. Ein mit dem Sortennamen beschrifteter Kaffeefilter, an einer Wäscheleine in die Sonne gehängt, hat sich dafür bewährt. Die getrockneten Samen vorsichtig auseinanderbröseln und gut verschlossen aufbewahren.

GARTENTIPPS TOMATEN

TOMATEN lieben viel Sonne und Licht, daher auf den Beeten je nach Wuchstyp ausreichend Abstand voneinander halten. Sie mögen keine Nässe auf den Blättern, daher einen luftigen, windoffenen Standort wählen bzw. bei dichtem Wuchs und nur dann auch ausgeizen und entblättern, damit die Luftzirkulation erhöht wird. Im Gewächshaus gut lüften! Wie alle Nachtschattengewächse sind sie sehr frost- und kälteempfindlich und kommen daher erst nach den Eisheiligen ins ungeschützte Freie.

Tomaten sind Starkzehrer, sie brauchen durchgehend viele Nährstoffe. Wir geben bereits bei der Pflanzung eine extra Handvoll Kompost und Hornspäne als Vorrat mit. Nach Blühbeginn und beim Fruchtansatz weitere Düngegaben verabreichen. Dies ist insbesondere bei Topfkultur entscheidend. Vorsicht vor Stickstoffüberdüngung, das führt zu verstärktem Blattwachstum auf Kosten der Früchte und des Aromas! In der Hauptwachstumszeit tun regelmäßige Blattspritzungen mit Pflanzenbrühen gut. Wir können diese aus ihren eigenen Blättern oder von Brennnesseln und Beinwell herstellen. Nährstoffmangel führt zu Blütenendfäule, zu schnelles Wachstum und vor allem Stress (Trockenheit) bewirken das Platzen der Früchte. Eine dicke Mulchschicht (Strohdecke, trockener Grasschnitt, ausgegeizte gesunde Blätter) verhindert nicht nur rasche Verdunstung, sondern vor allem den Kontakt der Blätter mit Erde bzw. Spritzwasser. Dadurch kann die Infektion mit den im Boden überdauernden Pilzsporen der gefürchteten Kraut- und Braunfäule *(Phytophthora infestans)* unterbunden werden. Bei Befall sofort alle erkrankten Blätter entfernen und vernichten.

Tomaten lieben ihre eigene Gesellschaft und können daher auch jahrelang auf den gleichen Beeten bleiben, solange es dort keine Braunfäule gibt. Tomaten sind auch recht verträglich mit anderen Gemüsen, außer Erbsen und Fenchel. Sie freuen sich über Begleitpflanzen wie Basilikum und Petersilie. Das stärkt Pflanzengesundheit und Aroma. Neuseeländerspinat ist ein guter Bodendecker, Salate passen immer dazwischen und Kohlpflanzen profitieren von ihnen, da der Tomatengeruch ihren Schädlingsbefall vermindert. Weder in die Nähe noch nach Kartoffeln pflanzen, um eine Übertragung der Braunfäule zu vermeiden.

TIPP: *Jungtomaten nicht nur tief, sondern auch schräg einpflanzen. Dann bilden sie ein Mehr an Wurzeln und brauchen nur mehr wenig gegossen werden.*

PAPRIKA UND CHILI

Feurige Schärfe, milde Süße

Von süß und mild bis wild und scharf – Paprika und Pfefferoni oder Chili sind für Überraschungen gut. Aus der ursprünglichen Wildpflanze haben sich über die Jahrtausende in Form, Farbe oder Schärfe sehr unterschiedliche Typen ausgeprägt. Botanisch sind alle Teil der Gattung *Capsicum* in der großen Familie der Nachtschattengewächse und diese sind, so paradox das jetzt klingen mag, sehr, sehr wärme- und lichtbedürftig. Das liegt an ihrer Abstammung aus Mittel- und Südamerika.

Die amerikanischen Ureinwohner nutzten die Schärfe ihrer Paprika als Medizin. Heute wissen wir, dass der namensgebende Scharfstoff Capsaicin bakterientötend wirkt, womit auch Speisen länger haltbar bleiben. Als Kolumbus diese neuen, roten und scharfen Gemüse nach Spanien mitbrachte, gediehen sie auch hier naturgemäß gut und wurden als Ersatz für den teuren, erlesenen Pfeffer rasch beliebt. So erhielt Paprika auch für lange Zeit den Namen „Spanischer Pfeffer". Auch in Ungarn florierte der Anbau und bald wurde der scharfe Ungarische **GEWÜRZPAPRIKA** in ganz Europa gehandelt. Erst im 19. Jahrhundert gelang es, zunächst über Zufallsauslese, capsaicinfreie Sorten zu züchten. Das markierte den Beginn der heute so marktbeherrschenden milden, dickfleischigen **GEMÜSEPAPRIKA**.

In Österreich begann der Anbau von Paprika aller Arten erst in der Nachkriegszeit im Burgenland und im Wiener Raum. Das hat seinen Grund: Bei uns reifen die meisten Sorten nur in sehr milden Lagen (Weinbauklima) und auch dort besser im Glashaus. Für den Hobbyanbau kann jedoch mit Töpfen an einer sonnigen, geschützten Hauswand oder auf einem Südbalkon bei kluger Sortenwahl sehr guter Ertrag eingefahren werden, wenn man den Paprikas und Chilis gibt, was sie brauchen. Und das sind neben Licht und Wärme auch sehr viele Nährstoffe (Starkzehrer) und viel Wasser, vor allem zur Fruchtbildung ab der Blüte. Die Erde darf nie ganz austrocknen, aber auch nicht versumpfen. Generell bewährt sich, wenn man die Topfgröße dem Wachstum anpasst und mehrmals umtopft. Den Wurzeln tut eine gewisse Enge gut, um kräftiger zu werden. Wenn sie allerdings unten aus dem Wasserabzugsloch herauswachsen, ist es Zeit für einen größeren Topf.

Nachdem Paprika und Chili eine lange Reifezeit haben und unter zehn Grad das Wachsen und Reifen auch gleich einmal beenden, muss die Anzucht junger Pflanzen dementsprechend früh (schon ab Februar) beginnen. Was die Pflanze im frühen Frühling nicht schafft, holt sie nicht mehr auf. Wenn die Frostgefahr im Freien vorbei ist, starten wir dann mit bereits gut entwickelten, kräftigen Pflanzen in unsere Chili- und Paprikasaison. Statt Eigenanzucht ist natürlich der Erwerb von fertigen Jungpflanzen ebenso ein Vergnügen.

SORTENTIPPS

Paprika und Chili können mit ihrer großartigen Vielfalt echte Leidenschaft entfachen. Dank exklusiver Zuneigung und Experimentierfreude werden aus meist männlichen Novizen in kürzester Zeit extreme Experten, die innerhalb ihrer Community fröhlich Samen, Jungpflanzen, ausgefeilte Anbautricks und scharfe Verkostungsnotizen teilen. Hier ein kleiner Ausschnitt aus diesem Reichtum: „Sigaretta" ist eine würzig-süße, dünnwandige

GELBE PEPPERONI

APFELPAPRIKA

FEUERWERK

GEMÜSEPAPRIKA

CHILI-FEUERWERK

HABANERO

Pfefferoni, freilandtauglich und reichtragend. Die Früchte sind lang, spitz und rot, ein wenig gedreht, wie eine handgedrehte Zigarette. „Habaneros" gehören zur heißesten Sortengruppe und bei denen heißt es wirklich aufgepasst. Sie tragen harmlose Beinamen wie Rot, Orange, Golden oder Tropical red, sind aber wirklich sehr, sehr scharf. Sie stehen zu Recht am Ende der Chili-Schärfe-Tabelle (Scoville-Skala) von 1–10.
„Feuerwerk" gehört zu den kleinen, strauchwüchsigen, auch **CAYENNEPFEFFER** genannten Arten *(Capsicum frutescens)* mit Schärfen im oberen Drittel. Die spitzen, von hellgelb auf feuerrot reifenden Früchte bleiben klein und lassen sich sehr gut trocknen. Das erleichtert auch die Dosierung.
Ein mittelscharfer Gewürzpaprika ist zum Beispiel „Sibirischer Hauspaprika", der mit 50 cm Wuchshöhe ein Topfkandidat und auch für nicht so sonnige Plätze geeignet ist, oder der früh- und reichtragende, halbscharf bis süße „Apfelpaprika".
Obwohl Gemüsepaprika bei uns erst seit den 1930er-Jahren im Erwerbsanbau eine Rolle spielen, haben sich rasch geeignete Lokalsorten herausgebildet. „Neusiedler Ideal" und der Füllpaprika „Wiener Wuchs" sind mild, ertragreich, frühreifend und kältetolerant. Der Paprika „Paradeisfrüchtig Frührot" ist rundlich gerippt, dickfleischig, saftig, rot und süß wie Tomaten. Eine echte Naschfrucht zum Reinbeißen und sehr gut zum Einlegen in Öl.
„Fish Pepper" fällt auf mit seinen grün-weiß gemusterten Blättern und ebenso gestreiften Schoten, die dann mit orangefarbenen Streifen bis ganz nach Rot reifen. Wenn auch der Sortenname die beliebte Verwendung in Fischgerichten würdigt, eignen sie sich als mäßig scharfe, sehr aromatische Früchte für andere Speisen ebenso gut. Besonders auch zum Einlegen.
Neben den bunten und oft lustig geformten Chilischoten gefallen auch die Blüten. Es gibt sogar Sorten mit farbigen Blättern. So haben sie sich auch als reine Zier- bzw. Zimmerpflanzen etabliert. „Pretty in Purple" ist eine besonders elegante Sorte mit purpurgrünen Blättern und lila Blüten. Auch die recht scharfen Früchte liefern je nach Reife ein Farbspektrum von Lila über Gelb zu Orange und Rot. Diese Sorte ist spätreifend, also ideal als frischer Zimmerchili für kalte Wintertage.

SCHARFSTOFF CAPSAICIN

Capsaicin löst im Körper einen Schmerzreiz aus, der mit der Ausschüttung von Endorphinen beantwortet wird. Und die machen bekanntlich glücklich. Es kann aber auch zu viel davon sein, die Dosis entscheidet, was uns noch gut tut. Die Verträglichkeit für Capsaicin ist sehr individuell und unterliegt Schwankungen nach Jahreszeit oder Tagesverfassung. Auch gut trainierten Chilifans ist bei ihren etwas fragwürdigen Wettbewerben schon mehr als schlecht geworden.
Die meisten Scharfstoffe sitzen in der Scheidewand, an der die Kerne anhaften. Nur wer diese auch mitentfernt, begibt sich auf die sichere Seite. Aber wozu ist dann ein Chili noch gut, wenn er nicht scharf sein darf? Dann doch gleich zum dickfleischigen Paprika greifen, der gibt aufgrund seiner Größe sowieso mehr her und wird niemals so scharf, dass es brennt.
Capsaicin ist nicht wasserlöslich. Händewaschen nach dem Schnipseln oder Wasser trinken beim Verkosten bringt gar nichts – es hilft nur Fett oder Alkohol. Dazu viel Brot essen!
Eine kleine Chilischote „heizt" für ein 2-Personen-Gericht ausreichend ein. Will man es schärfer, oder sind mehr Esser am Tisch, dann eben die Zahl der Schoten erhöhen. Das ist wesentlich einfacher zu handhaben, als von größeren Früchten die passende Menge abzuschneiden. Noch dazu, wo sich die Schärfe meist nicht gleichmäßig innerhalb der Frucht verteilt.

KÜRBISSE

Genussfreude mit Gewicht

Kürbisse gehören gemeinsam mit Mais und Bohnen zu den ältesten Nahrungspflanzen Amerikas. Lange Zeit wurden vor allem ihre eiweiß- und ölhaltigen Samen gegessen, denn die Wildformen waren allesamt bitter. Unser heutiger Gartenkürbis wurde in Mexiko domestiziert, der Moschuskürbis im Zentrum der USA und der Riesenkürbis in Südamerika. Die meisten unserer Kürbisse sind diesen drei der rund 30 Arten der Gattung Kürbis *(Cucurbita)* aus der Familie der Kürbisgewächse *(Cucurbitaceae)* zugehörig. Sowohl in ihren Ansprüchen im Garten als auch in ihren Nutzungsmöglichkeiten für die Küche weisen sie deutliche Unterschiede auf.

GARTENKÜRBIS ODER SOMMERKÜRBIS

Sie sind nicht nur die schnellsten im Garten, sondern auch am schnellsten in der Pfanne, da sie bevorzugt jung und damit unreif geerntet werden. Lässt man einen **GARTENKÜRBIS** *(Cucurbita pepo)* größer werden, geht der ohnehin nicht besonders ausgeprägte Geschmack ganz Richtung Fadesse und auch das anfangs noch saftige Fruchtfleisch wird immer fasriger. Diesen kulinarisch unwürdigen Zustand haben sich die **ZUCCHINI**, sie sind die prominentesten Vertreter der Sommerkürbisgruppe, so nicht verdient. Wenn wir ihnen einen supersonnigen Platz in unserem Garten gönnen, dann nur, um von der Blüte über die fingerdicke Minifrucht bis zur maximal handlangen Größe jederzeit und zahlreich das Allerbeste von ihr zu erhalten. So kann bereits bei Rohgenuss oder kurz gebraten ganz ohne Fremdwürze jene Freude aufkommen, die unsere handelsüblichen dicken Zucchini nicht mehr zu leisten vermögen – „erkosten" Sie doch einmal die sortenspezifischen, dezenten Unterschiede des weißen „Alberello", der hellgrünen, leicht gerippten „Costates Romanesco", der sonnengelben „Gold Rush" oder der grün-weiß gestreiften „Striato d'Italia" und nützen Sie auch das Farb- und Formenspiel am Teller! Zu den Sommerkürbissen zählen auch die an ein UFO erinnernden **PATISSONKÜRBISSE** mit feinem Artischockenaroma, die grünen Bällchen der „Rondini" oder „Tondo" genannten Sorten und der nudelfasrige **SPAGHETTIKÜRBIS**, die allesamt nur jung gegessen werden sollten. Meist als Zierkürbis gelistet wird die Sorte „Sweet Dumpling". Das orange Fruchtfleisch der kleinen, cremefarbenen Früchte (ca. 300 g) mit grünen Rippen ist jedoch sehr wohlschmeckend mit Anklängen an Maroni. Ausgehöhlt eignen sie sich gut zum Füllen und beeindrucken mit einer zierlichen Optik am Teller. Kürbis heißt auf Italienisch „zucca". In der Verkleinerungsform wurde daraus „Zucchini". Es liegt also nahe, dieser sprachlichen Logik auch in der Küche zu folgen und mit den Sommerkürbissen keinen Größenwettbewerb zu veranstalten.

RIESENKÜRBISSE ODER WINTERKÜRBISSE

Auch für die **RIESENKÜRBISSE** *(Cucurbita maxima)* gilt: Die Größe der Genussfreude ist nicht proportional zum Gewicht. Die nach der nordjapanischen Insel als **HOKKAIDO** zusammengefassten Wintertypen bleiben eher klein, mit bis 2 kg besitzen sie eine ideale Haushaltsgröße. Das Maroni-Haselnuss-Zuckermaisaroma ihres feinen Fruchtfleisches machte sie zu Lieblingen der französischen wie japanischen Küche. Es sind dies Sorten wie „Uchiki Kuri" und „Red Kuri" sowie „Hokkaido Orange" und

ZAPALLITOKÜRBIS

HOKKAIDO

ZUCCHINI

GARTENKÜRBIS

BUTTERNUSS JUNG

PATISSON BUDAPEST

„Hokkaido Grün". Ein weiteres Plus dieser weltweit beliebtesten Speisekürbisse: Sie müssen nicht geschält werden! Bei wenig Platz empfehlen sich Sorten mit buschförmigem Wuchs.
Der rundfrüchtige, grünschalige „Zapallito" ist sehr ertragreich und kann in jungem Zustand auch wie ein Zucchini verwendet werden.
Winterkürbisse zeichnen sich durch ihre Lagerfähigkeit aus. Schlafzimmerkühl und eher dunkel, z. B. in einer Schachtel unter dem Bett, und mit gleichbleibender Luftfeuchtigkeit gelagert, halten sich viele Sorten bis weit in das Frühjahr.

MOSCHUSKÜRBIS

Moschuskürbisse *(Cucurbita moschata)* sind wärmebedürftiger, mögen weder lang anhaltende Trockenheit noch feucht-kalte Witterung. Sie brauchen auch länger zum Reifen. Am besten gedeihen sie somit im Weinbauklima oder, falls jemand genug Platz für so einen rankenden Wucherer aufbringen mag, auch im geschützten Glashaus. Zu den Moschuskürbissen gehört der auf unseren Märkten sehr häufig angebotene **BUTTERNUSSKÜRBIS**, der in seiner Miniform wohl als der ideale Singlekürbis gelten darf. **LANGER VON NEAPEL** und **MUSCADE DE PROVENCE** sind wegen ihres süßen und nussigen Geschmacks beliebt.

GARTENTIPPS KÜRBISSE

Gärtnerisch ist der Kürbis einfach zu handhaben, wenn wir seine Herkunft in Betracht ziehen und es ihm nährstoffreich, feucht und schön warm bieten. Dazu geben wir in das Kürbisbeet – kleinfrüchtige Sorten kommen auch mit großen Töpfen zurecht – eine großzügige Kompostgabe und als Vorrat für die Saison noch eine Handvoll Hornspäne, alte Bettfedern, Schafwollvlies oder sonstige organische Dünger dazu, die sich im Laufe der Zeit langsam in Nährstoffe zerlegen. Wenn der Kürbis im Hochsommer die Blätter schlapp hängen lässt, tut er dies wie andere Pflanzen auch, um seine Verdunstungsoberfläche zu verkleinern und damit Wasser zu sparen. Am Morgen sind die Blätter meist wieder in voller Pracht entfaltet. Sind sie das nicht, ist die nächste gezielte Wassergabe, direkt und großzügig eine volle Kanne an den Fuß, angesagt. Ein Stab beim Pflanzen hilft später im Wirrwarr der Wuchsfreude diesen Gießpunkt zu finden. Dank seines verzweigten, meterlangen Wurzelsystems sorgt unser Kürbis dann wieder einige Tage gut für sich selbst. Noch mit einer dicken Mulchschicht versehen, erzielen wir einen mehrfachen Effekt – zusätzliche Nährstoffe, bessere Wasserspeicherung und warme Füße, ganz wie es Kürbisse gerne haben.

ZITRONENGURKE

MELOTHRIA

BESONDERE KÜRBISGEWÄCHSE

Fröhliche Formen, köstliche Früchte

MELOTHRIA

Diese einjährige Kletterpflanze ist eine erfrischende Neuentdeckung für unsere Gärten und Balkone. Sie produziert bei ausreichender Wärme über den ganzen Sommer massenhaft ovale, zierliche, grün-weiß marmorierte, äußerst dekorative Früchte mit einem Geschmack zwischen Gurke und Zuckermelone. Davon sind auch die derzeit gebräuchlichsten deutschen Namen inspiriert – neben **MELOTHRIA** als Kurzform des botanischen Namens *(Melothria trilobata)* finden sich Cocktailgurke, Partygurke, Mexikanische Minimelone oder Ähnliches. Von der Staude gleich frisch gegessen, schmecken sie wohl am allerbesten, im Salat dann sowieso, und auch die Essiggurkerlfans finden an der Melothria rasch Gefallen. Aber bitte nur ganz kurz sterilisieren, sonst werden sie matschig! Im Kühlschrank bleiben die „Gürkchen" für ein paar Wochen knackig.

Die Melothria verträgt keinen Frost, daher erst nach den Eisheiligen pflanzen. Anfangs erscheinen ihre Triebe so dünn und zersaust, dass man gar nicht mehr an ihr Weiterleben glauben mag. Doch in puncto Gesundheit erweist sich die zarte Pflanze meist widerstandsfähiger als Gurken und wenn sie einmal loslegt, kann sie in Kürze ein paar Meter Rankgerüst überwuchern. Die üppige Ernte setzt sich, vorausgesetzt die Erde wird gut nachgedüngt, nimmermüde bis zum ersten Frost fort.

RUSSISCHE GURKE UND ZITRONENGURKE

Erst seit Kurzem sind diese zwei fröhlichen Formen in unserer Welt der grünen Gurken (*Cucumis sativus)* mit am Gartenspielfeld. Die runde **ZITRONENGURKE** *(Cucumis sativus „Lemon")*, manchmal auch „Apfelgurke" oder „Limona" genannt, hat ein leicht säuerliches Aroma, ist nie bitter, bleibt klein, wird von einer hellgelben, später ins Orange spielenden gestreiften Schale geziert und produziert unermüdlich ihre saftigen Bällchen.

Die **RUSSISCHE** oder auch **„INDISCHE GURKE"** *(Cucumis sativus var. Sikkimensis)* ist ein wuchernder bzw. rankender Robustling, ziemlich mehltauresistent und kältetoleranter als die meisten unserer vertrauten Gewächshaus- und **FELDGURKEN**. Mit ihrer charakteristischen pummeligen „Walzenform" gehört sie zu den sogenannten Sikkim-Typen. Der bei der Reifung von Gelb ins Braun gehenden gemaserten dicken Schale verdankt sie ihre gute Lagerfähigkeit. Übrigens: Alle bei uns heimisch gewordenen **GURKEN** stammen ursprünglich aus den subtropischen Tälern des indischen Bundesstaates Sikkim. Diese Herkunft macht auch ihre speziellen Bedürfnisse verständlich: Gurken lieben es recht warm, aber eher luftig und halbschattig, luftfeucht, aber keinesfalls feucht auf den Blättern. Wir gießen daher regelmäßig und kräftig und immer nur direkt am Wurzelfuß, halten den Boden mit einer dicken Mulchschicht gleichmäßig feucht und mit einer fetten Kompostgabe humusreich.

FEIGENBLATT- ODER ENGELSHAARKÜRBIS

Der **FEIGENBLATTKÜRBIS** *(Cucurbita ficifolia)* ist der kältetoleranteste Kürbisvertreter und auch in puncto Haltbarkeit – gut ausgereift bei etwa 10 Grad bis zu zwei Jahren! – Weltmeister. Er ist zudem noch sehr ertragreich und besticht durch sein attraktives, grün-weiß marmoriertes Äußeres. Das weiße Fruchtfleisch ähnelt im Aroma mehr einer Melone, was diesen einzigartigen Kürbis für Süßspeisen aller Art prädestiniert, ob für Kuchen und Kompott oder zu Marmelade eingekocht. Auch als Basis für diverse Chutneys ist er hervorragend geeignet.

FEIGENBLATTKÜRBIS

RUSSISCHE GURKE

PUFFBOHNENERNTE

PUFFBOHNE – JUNGPFLANZE

PUFFBOHNENBLÜTE

PUFFBOHNE

DICKE BOHNEN UND SÜSSE ERBSEN

Grünes Hülsenglück

PUFFBOHNEN

PUFFBOHNEN oder **DICKE BOHNEN** *(Vicia faba)* waren lange Zeit die einzigen Bohnen der europäischen Küche. Archäologische Spuren führen bis in die Steinzeit zurück. Bis zum Siegeszug der neuweltlichen Gartenbohnen aus Amerika *(Phaseolus vulgaris)* waren sie neben Linsen und Erbsen die wertvollsten pflanzlichen Eiweißquellen. Meine kulinarische Entdeckung der Puffbohnen verdanke ich einem Osterurlaub in Sizilien. Vom Spitzenrestaurant bis zur Hafenkneipe wurde kein Fisch ohne diese fröhlichen grünen Begleiter namens „fave" serviert. Der italienische Volksglaube verspricht zudem all jenen eine Zeit voller Glück, die eine Hülse mit sieben Bohnenkernen finden.

Puffbohnen sind besonders kälteverträglich, auf der Fensterbank oder im Freien wachsen die jungen Sprossen zum ersten respektablen Gemüsegrün des Frühjahrs heran. Ihr nussiges Aroma samt leichter Süße ist eine edle Würze in Blattsalaten, Kartoffel- oder Eigerichten. Ein paar Wochen später setzen die ersten Hülsen an. Diese sind blanchiert oder roh, ganz fein in Streifen geschnitten, knackige Begleiter zu Fisch oder ganz schlicht zu einem Salamibrot. Sie harmonieren auch mit grünem oder weißem Spargel. Genauso gefällig fügen sich später die grünen Bohnenkerne in ihre Beilagenrolle. Dafür bissfest in Salzwasser kochen und nach Belieben würzen, z. B. mit Zitrone, Knoblauch, Minze oder einem zerdrückten Sardellenfilet. Sollten die Bohnen schon zu holzig geworden sein, drückt man das musige Innere Stück für Stück heraus und bereitet so ein köstliches Püree bzw. Humus zu.

Hier meine besten Sortentipps: „Aguadulce Claudia" ist eine bewährte, gesunde Sorte, besonders für den Winteranbau, „Hangdown" erfreut zusätzlich mit zartem Duft. „Karmesin" ist eine der seltenen rotblühenden Sorten, „Robin Hood" eine besondere Rarität mit feinem Aroma, ideal für die Topfkultur.

ZUCKERERBSEN ODER KAISERSCHOTEN

Ein der Puffbohne ebenbürtiger Frühstarter mit ebenso delikaten grünen Sprossen, jedoch mit mehr süßen Früchtchen, ist die **ZUCKERERBSE** *(Pisum sativum var. saccharatum)*. Schon im Spätwinter kann man mit der Sprossenzucht beginnen und dann mit Frühlingsbeginn im Freien süße Schoten und grüne Erbsen zum Frischgenuss kultivieren. Meine Lieblingssorten: „Oregon Sugar Pod" ist dunkelgrün, fleischig und zart und bringt bei früher Aussaat die höchsten Erträge. „Sweet Horizon" ist hitzetolerant und damit sommertauglich. „Schweizer Riesen" wachsen bis 2 m hoch und bilden sehr große, flache Hülsen. „Golden Sweet" ist nicht nur besonders süß, sondern mit mauvefarbenen Blüten auch eine extra Augenweide.

GARTENTIPPS BOHNEN & ERBSEN

Für eine lange Ernte die Aussaat in kleineren Mengen vornehmen und mit einigen Wochen Abstand wiederholen. Große Saatkörner wie die von Erbsen oder Bohnen keimen leichter, wenn man sie vorab für einige Stunden in lauwarmem Wasser aufquellen lässt. Dann die Körner etwa doppelt so tief wie ihre Größe in die Erde legen. Bei Nutzung als Sprossengemüse in flache Kistchen oder kleine Töpfe dicht an dicht säen und nicht düngen. Für den Fruchtgenuss mit einigen Zentimetern Abstand direkt in nährstoffreichere, kalkhaltige Erde säen. Hochwüchsige Puffbohnen stützen, auch Erbsen sollte man eine Rankhilfe bieten.

TOMATEN >76
SPINAT >26
BASILIKUM >52
KNOBLAUCH >13

BUNTER TOMATENSALAT MIT FEIGEN, NEUSEELÄNDERSPINAT

und Basilikum-Vielfalt, dazu Knoblauchbrot

ZUTATEN

3–4 Handvoll bunte Cocktail- und/oder Wildparadeiser
4–5 frische Feigen
2 EL Leinöl, 3–4 EL Verjus
1–2 TL Honig
2 Handvoll Neuseeländerspinat
1 Handvoll Basilikumblätter
Salz, Pfeffer

Die Cocktailtomaten halbieren, ganz kleine Früchte (Wildparadeiser) im Ganzen belassen, die Feigen in 1–2 cm große Stücke schneiden.
Das Leinöl mit dem Verjus und Honig in einer Pfanne leicht erwärmen – nicht zu heiß, keinesfalls kochend. Die Tomaten und die Feigen darin schwenken.
Den Neuseeländerspinat und die Basilikumblätter waschen, gut trockenschleudern und kurz vor dem Anrichten in die Pfanne geben und durchmischen. Mit Salz und Pfeffer würzen.

KNOBLAUCHBROT

3–5 Scheiben festes Weißbrot
1 Bündel Schnittknoblauchblätter oder
1 junger Knoblauch-Rundling bzw. 3–4 Knoblauchzehen
Salz, Pfeffer

Für das Knoblauchbrot die Brotscheiben (Vorschussbrot oder Ciabatta) im Toaster oder in der Pfanne leicht braun rösten, anschließend mit dem Leinöl bestreichen, den kleingeschnittenen Schnittknoblauch darüberstreuen bzw. mit den gepressten Knoblauchzehen einstreichen, mit Salz und Pfeffer würzen.

Tipps

TOMATEN *haben einen nicht zu unterschätzenden Säuregehalt, deswegen empfiehlt es sich bei der Verarbeitung eine Prise Zucker oder andere Süßmittel hinzuzufügen, um ein ausgewogenes Säureverhältnis zu bekommen! Wenn Sie für dieses Gericht nur die kleinen Wildparadeiser verwenden, können Sie auf den Honig verzichten, da diese Minis von Natur aus sehr süß sind.*
Sie wohnen in einer wintermilden Gegend und wollen Ihren **FEIGENBAUM** *selbst ziehen? Nichts leichter als das! Schneiden Sie Mitte/Ende Februar ein 10–20 cm „Ästchen" von einem ausgewachsenen Feigenbaum ab und geben Sie diesen Steckling in ein Wasserglas. Stellen Sie das Glas bei Zimmertemperatur auf ein Fensterbrett und wechseln Sie das Wasser einmal pro Woche. Nach 3–4 Wochen sollten bereits kleine Wurzeln erkennbar sein. Der Feigentrieb kann dann in die Erde gesetzt werden. Als Standort den sonnigsten und vor allem einen windgeschützten Platz wählen. In den Jugendjahren ist es ratsam, den Feigenbaum im Winter – er wächst strauchartig – am Boden dick mit Stroh einzustreuen und die Krone mit einem Tuch einzuwickeln, um Frostschäden zu vermeiden. Friert er trotzdem zurück, bodeneben abschneiden. Mit großer Wahrscheinlichkeit wird er neue Triebe bilden.*

BLÜTEN >18
SALATE >14
TOMATEN >76
ZUCCHINI >82

BUNTER SOMMERSALAT MIT ZUCCHINI- UND KAPUZINERKRESSEBLÜTEN

ZUTATEN

Bunte süßfleischige Tomaten, z. B. „Kremser Perle" (rot), „Auriga" (orange), „Tigerella" (rot-gelb gestreift), „Green Zebra" (grün-orange) oder „Black Plum" (violett)
3 Handvoll Pflücksalat oder 1 Häuptel Kopfsalat
1 Handvoll junge Kapuzinerkresseblätter
6–10 Zucchiniblüten
ca. 10 Kapuzinerkresseblüten

Die Tomaten in Scheiben schneiden, den Pflücksalat und die Kapuzinerkresseblätter waschen und trocken schleudern.
Den Pflücksalat, die Kapuzinerkresseblätter und die Tomaten mit der Marinade abmischen und auf einem flachen Teller anrichten.
Die Zucchiniblüten mitsamt der jungen Frucht (das sind die weiblichen Blüten) vorsichtig der Länge nach halbieren.
Die essbaren Blüten ganz lassen und gemeinsam mit den Kapuzinerkresseblüten dekorativ am fertigen Salat verteilen.

MARINADE

4 EL Veltsam-Essig bzw. Balsamico-Essig
Salz, Pfeffer
Zucker nach Bedarf
10–12 EL neutrales Pflanzenöl
evtl. etwas Wasser

Die Zutaten für die Marinade mit einem Schneebesen verrühren.

Tipp

Als Begleiter für diesen fruchtigen Salat passt ein LAVENDEL-SPRITZER *– perfekt für laue Sommerabende!*
Dazu ⅛ l Grüner Veltliner mit ⅛ l Soda mischen und 1–2 EL Lavendelsirup hinzufügen (Lavendelsirup-Rezept siehe Seite 174).

Info

Die Blätter der KAPUZINERKRESSE *verhalten sich fast wie Lotosblumen – die Flüssigkeit perlt an ihnen ab. Große Blätter daher schneiden, bevor sie zum Salat kommen. Kleinere Blätter lassen etwas Marinade an sich heran.*

TOMATEN >76
CHILIS >79
KÜRBIS >82

GESCHMORTE TOMATEN MIT CHILI UND PATISSON-KÜRBIS

auf Bandnudeln

ZUTATEN

GESCHMORTE TOMATEN („SUGO")

3–4 mittelgroße Fleischtomaten, z. B. „Rotes Ochsenherz", „German Gold", „Weißer Pfirsich"
etwas Olivenöl
1–2 Lorbeerblätter
Salz, Zucker

Für das „Sugo" die Fleischtomaten in mittelgroße Stücke schneiden, in etwas Olivenöl in einer Pfanne schmoren, mit Salz, Lorbeerblättern und einer Prise Zucker würzen.

Hier gibt es keine „richtige" Zeitangabe, wie lange man die Tomaten schmoren lässt. Jeder soll für sich entscheiden, wie flüssig oder fest das Sugo sein soll. Von Zeit zu Zeit umrühren, damit es nicht anbrennt.

PATISSON-CHILI-TOMATEN-GEMÜSE

1 Handvoll gelbe und/oder grüne Patisson-Kürbisse
4–6 Cocktailtomaten oder Wildparadeiser
1–2 Stk. Chili
1 Zweig frischer Rosmarin
Salz, Zucker, Olivenöl

Bandnudeln
etwas Olivenöl

Die Patisson-Kürbisse (möglichst kleine, dann sind sie schön fest) vierteln und gemeinsam mit den Cocktailtomaten, den Chilis (Menge je nach Vorliebe bzw. Schärfegrad), dem Rosmarin und Olivenöl in eine Pfanne geben, mit Salz und einer Prise Zucker würzen und im Backrohr bei 200 °C Ober-/Unterhitze ca. 20–30 Minuten schmoren.

In der Zwischenzeit die Bandnudeln in viel Salzwasser al dente kochen, abseihen (nicht kalt abschrecken, das verändert die Nudeloberfläche) und sofort mit etwas Olivenöl vermischen.
Mit den beiden Gemüsen in einem tiefen Teller anrichten.

Tipp

Geschmorte Fleischtomaten eignen sich perfekt für ein selbstgemachtes **TOMATEN-SUGO** *und können in Einmachgläsern in handlichen Mengen haltbar gemacht werden. Zur Haltbarmachung sterilisieren Sie die fertig verschlossenen Gläser im Dampfgarer bei 85 °C ca. 20 Minuten. Ist kein Dampfgarer vorhanden, so können Sie die Gläser in ein Wasserbad stellen und bei 120 °C Umluft im Backrohr sterilisieren. Für die Aufbewahrung unbedingt einen kühlen und dunklen Raum wählen!*

Info

Echte **FLEISCHTOMATEN** *zeichnen sich durch ihre besonders zarte Haut aus, die sich gleichsam von selbst zerkocht. Damit erübrigt sich mühevolles Enthäuten der rohen Tomaten. Wer es trotzdem noch extra fein mag, streicht das Sugo vor dem Servieren durch ein Sieb. Bei größerer Menge, z. B. für das Einkochen auf Vorrat, wird das Sugo am besten mit einer „Flotten Lotte" kern- und hautfrei passiert.*

ZUCCHINI >82
ZWIEBEL >132
KNOBLAUCH >132

BUNTE ZUCCHINI MIT ROTER ZWIEBEL

und Schnittknoblauch

Die Zucchini halbieren, nur wenn nötig Kerne entfernen (siehe Tipp) und in ca. 1 cm dicke Streifen schneiden. Die Zwiebel ebenfalls in Streifen schneiden, allerdings etwas dünner halten, damit der Zwiebelgeschmack das Gericht nicht übertönt.
Die Zucchini mit Salz, Pfeffer und geriebener Muskatnuss würzen und gemeinsam mit den Zwiebeln in der Butter ca. 3–4 Minuten braten, dabei mehrmals durchmischen. – *Vorsicht! Nicht zu stark erhitzen, damit die Butter nicht verbrennt.*
Kurz vor dem Anrichten den klein geschnittenen Schnittknoblauch zufügen.
Die Schnittknoblauchblüten haben roh einen angenehm feinen, scharfen Geschmack. Daher diese erst über den angerichteten Teller zupfen.

ZUTATEN

3 kleine Zucchini mit verschiedenfärbiger Schale (z. B. die weißschalige „Alberello", die hellgrünen „Costates Romanesco", die sonnengelben „Gold Rush" oder die grün-weiß gestreiften „Striato d'Italia")
2–3 kleine rote Zwiebel
Salz, Pfeffer
Muskatnuss
2 EL Butter
1 Handvoll Schnittknoblauch, klein geschnitten
Schnittknoblauchblüten zum Garnieren

Tipp

Große, ausgewachsene ZUCCHINI *wenn möglich meiden – außer zum Füllen. Das Fruchtfleisch großer Zucchini ist schwammig, ihre Schale hart und zum Essen eher unangenehm. Auch für Suppen sollte man sie besser schälen, die großen Kerne müssen entfernt werden.*
Ernten Sie daher die Früchte so jung wie möglich. Dann sind sie noch durch und durch festfleischig und – auch roh geknabbert oder geraffelt – ein Hochgenuss. Sie werden staunen, wie unterschiedlich junge Zucchini schmecken können!

KAROTTEN >123
KÜRBIS >82
MAIRÜBEN >124
ZUCCHINI >82
ZWIEBEL >132

SOMMERGEMÜSE IM BUTTERBROTAPIER GESCHMORT

ZUTATEN

1 Karotte
1 kleine feste Zucchini, gelb, grün, oder weiß
1 rote oder gelbe Zwiebel
1 Mairübchen
1 kleiner Sommerkürbis
kräftige Gewürzkräuter wie Lorbeer, Zitronenthymian, Rosmarin …
1 kleines Stück Butter
Salz, Pfeffer
1 kleine Handvoll Schnittknoblauch oder Lauchblüten
2 große Stück Butterbrotpapier

Alle Gemüsesorten in etwa gleich große Stücke schneiden – die Größe der Gemüsestücke entscheidet über die Gardauer!
Zwei große, möglichst quadratische Stück Butterbrotpapier zurechtschneiden. Jeweils in die Mitte das geschnittene Gemüse legen, mit Salz und den Kräutern würzen, die Butter zugeben und mit einem Naturfaden (Garn oder Bast) zu zwei Päckchen binden.
Anschließend im vorgeheizten Backrohr bei 175 °C Umluft ca. 15 Minuten „backen".
Vor dem Servieren mit frischem Schnittknoblauch dekorieren.

Die angeführten Gemüse sollen nur als Anregung dienen. Wählen Sie Ihr Lieblingsgemüse frisch aus dem Garten und lassen Sie Ihrer Fantasie und Kreativität freien Lauf! Die Gemüse sollten nur nicht zu viel Wasser beinhalten (Tomaten und Gurke von den saftigen Teilen befreien), da dieses das Butterbrotpapier aufweicht.

Tipps

Sie haben Gäste eingeladen, möchten aber nicht nur in der Küche stehen und kochen? Diese Gemüsepäckchen lassen sich gut vorbereiten – auch mit individuellen Mischungen, wenn Sie die Vorlieben Ihrer Gäste kennen. Sie werden dann nur mehr in den Ofen geschoben!
Verwenden Sie dazu vorsichtshalber zwei Lagen Butterbrotpapier, da die geschnittenen Gemüsesorten während der Wartezeit Wasser abgeben und dieses das Papier eventuell reißen lässt.
Seien Sie bitte beim Öffnen des „Gemüse-Packerls" sehr vorsichtig, da dabei heißer Dampf entweicht.
Sie können das Gemüse schlicht mit einem saftigem Butterbrot servieren. Es passt aber auch perfekt zu einem gegrillten Steak oder Fisch! Für Vegetarier empfehle ich stattdessen ein paar Scheiben fertiggekochter Kartoffeln hinzuzufügen. Dadurch wird das Gemüse gehaltvoller und eignet sich als Hauptmahlzeit.

KAROTTEN >123
TOMATEN >76
PAPRIKA >79
MANGOLD >24
KRÄUTER >16

EINKORNPUFFER AUF BUNTEM SOMMERGEMÜSE

ZUTATEN

3 EL Einkornreis, geschliffen
1 Ei
1 EL feiner Einkorngrieß (oder feiner Weizengrieß)
1 TL Kartoffelstärke
3–4 EL Pflanzenöl

Den Einkornreis in der leicht gesalzenen doppelten Menge Wasser weich kochen (ca. 20 Minuten), abseihen und auskühlen lassen. (Er kann auch bereits am Vortag gekocht werden).
Mit dem Ei, dem Einkorngrieß und der Kartoffelstärke vermischen und ca. 10–20 Minuten ziehen lassen. Wenn die Masse zu flüssig ist, noch etwas Einkorngrieß oder Kartoffelstärke zugeben; sollte die Masse zu fest sein, noch ein Ei einrühren.
Aus der Masse mehrere gleich große Puffer formen und in einer beschichteten Pfanne bei mittlerer Hitze in Pflanzenöl beidseitig knusprig braten.

BUNTES SOMMERGEMÜSE

2 EL Pflanzenöl
bunte Karotten-Vielfalt (gelb und orange)
Knollenfenchel
bunte, süßaromatische Paradeiser-Vielfalt, z. B. „Gelbe Johannisbeere“, „Rote Murmel“, „Angora Super Sweet“, „Dattelwein“, Paprika, z.B. „Leutschacher Schotenpfeffer“ (leichte Schärfe!)
Radieschen
Blattgemüse (junge Mangoldblätter, Borretschblätter, Pimpinelle, Gartenmelde, Eiskraut etc.)
Salz und Pfeffer

Das Sommergemüse in mundgerechte Stücke schneiden und in Pflanzenöl rasch anbraten.
Hierbei darauf achten, dass die „festeren“ Gemüsesorten (Karotten, Fenchel …) zuerst in die Pfanne kommen und Gemüse wie Paprika, Paradeiser, Radieschen nur kurz mitgebraten werden. Blattgemüse (Mangold, Borretsch, Eiskraut …) erst ganz zum Schluss zugegeben, damit sie knackig bleiben.
Mit Salz und Pfeffer abschmecken. Das Sommergemüse auf Tellern anrichten und die knusprigen Einkornpuffer darauflegen.

Tipps

Bei diesem Gericht können Sie ihre eigenen Vorlieben ausleben! Verwenden Sie, was der Garten „hergibt“ und schmeckt.
Beim Kochen von Reis ist es eher schwierig, genau die richtige Menge zu kochen – auch so mancher Profikoch hat hier seine kleinen Probleme! Am besten bereiten Sie etwas mehr vor, als zu riskieren, dass der Gast nicht satt wird.
Deshalb sind diese Puffer, die natürlich auch mit sämtlichen anderen Getreide- bzw. Reissorten zubereitet werden können, eine perfekte RESTEVERWERTUNG.

MELOTHRIA >8
RÜBEN >124

MELOTHRIA-RÜBEN-VIELFALTSALAT

mit Sauerrahm-Senf-Sauce

ZUTATEN

1–2 Rüben-Raritäten, z. B. „Chioggia“, „Burpee Golden“
2–3 Handvoll Melothria (Mini-Melonen)
4–6 EL Kamptal-Verjus
etwas Salz
ev. 1 Prise Zucker

Die Rüben mit einem Sparschäler schälen und in sehr dünne Scheiben schneiden oder mit dem Gurkenhobel hobeln. Wenn Sie die Rüben nicht roh genießen wollen, so können Sie die geschnittenen Scheiben kurz in kochendem Wasser blanchieren und dann sofort in kaltem Wasser abschrecken, damit sie die Farbe behalten.
Die Melothria der Länge nach halbieren, mit den Rüben vermischen, ein wenig Salz zugeben und ca. 10 Minuten stehen lassen, um das Gemüse zu entwässern. Anschließend mit Verjus und eventuell einer Prise Zucker abschmecken.

SAUERRAHM-SENF-SAUCE

4–5 EL Sauerrahm
2 EL Estragonsenf
1 EL süßer Senf
Salz, Pfeffer

Für die Sauerrahm-Senf-Sauce den Rahm und die zwei Senfsorten mit einem Schneebesen vermischen und mit Salz und Pfeffer abschmecken. Den Salat auf einem Teller anrichten und die Sauerrahm-Senf-Sauce zugeben.
Zum Garnieren können ein paar in Streifen geschnittene, in Butter knusprig gebratene Rübenblätter verwendet werden.

Info

VERJUS ist gepresster Saft aus sauren, unreifen Trauben. Verjus kommt aus dem Französischen und bedeutet „grüner Saft“. Er eignet sich ideal zum Abschmecken in der Küche – überall dort, wo Essig, Zitrone oder Wein verwendet werden. Er verleiht verschiedensten Gerichten eine fruchtig-elegante Säure und passt perfekt zu Wein, Marinaden, Saucen, aber auch Desserts und Speiseeis können mit Verjus verfeinert werden. Heimischer Verjus wird im niederösterreichischen Kamptal erzeugt.
Wenn die Verjus-Flasche einmal geöffnet wurde, unbedingt im Kühlschrank aufbewahren und möglichst bald aufbrauchen, da der saure grüne Saft bei Zimmertemperatur leicht zu gären bzw. schimmeln beginnen kann.

Tipp

An heißen Sommertagen besonders zu empfehlen: der „Spritzer am Vormittag“! Da der Verjus nicht vergoren ist und somit auch keinen Alkohol beinhaltet, eignet er sich hervorragend als ERFRISCHUNGSGETRÄNK; hierzu einfach den Verjus je nach Geschmack mit Soda aufgießen. Besonders gut schmeckt der „grüne Saft“ mit einem Schluck Sekt oder Cidre.

KÜRBIS >82
KRAUT >129
ZWIEBEL >132

EINKORN-SOMMERKÜRBIS-RISOTTO MIT EISKRAUT

ZUTATEN

4–5 EL Einkornreis
1 EL Butter
1 mittelgroße Zwiebel
⅛ l Weißwein
ca. ¾ l Gemüsesuppe
ca. ½ kg aromatische Sommerkürbisse, z. B. „Patisson Custard White" oder „Sweet Dumpling"
2–3 Handvoll Eiskraut
1–2 EL Sauerrahm
1–2 EL Butter
2 EL Hartkäse gerieben

Die Zwiebel kleinwürfelig schneiden und in 1 EL Butter in einem flachen Topf farblos anschwitzen. Den geschälten und ebenfalls klein gewürfelten Kürbis dazugeben, 2–3 Minuten weiterrösten.
Den Einkornreis zugeben, mit dem Wein ablöschen und warten, bis der Wein eingekocht ist.
Nun die Gemüsesuppe (nicht alles, heben Sie sich einen kleinen Teil auf!) zugeben. 5–10 Minuten auf kleiner Flamme köcheln lassen. Der Reis sollte noch nicht ganz weich sein.
Nun unter ständigem Rühren den Reis fertig garen und bei Bedarf noch Flüssigkeit zugeben. Sobald der Reis weich ist (er sollte aber noch „Biss" haben bzw. al dente sein), den Topf vom Herd nehmen.
Das von den Stielen befreite, klein geschnittene Eiskraut dazugeben, den Sauerrahm, die restliche Butter und den fein geriebenen Hartkäse einrühren.
Die knackigen, dickfleischigen Eiskrautblätter sind mit feinen „Salz-Kristallen" überzogen. Sie schmecken roh besonders köstlich, deswegen erst ganz zum Schluss untermengen.
Einige der Blätter zur Dekoration aufheben und den salzigen Biss genießen.

Tipps

Wenn Ihre **KÜRBISERNTE** *sehr üppig ausgefallen ist, können Sie auch einen halben Zapallito (er fasst eine größere Portion) oder einen kleiner Sweet-Dumpling-Kürbis als Teller ver(sch)wenden. Dies sieht nicht nur besonders nett aus, sondern spart auch noch das Abwaschen der Teller!*
Die rohe **KÜRBISSCHALE** *kann natürlich auch von den Essensresten gereinigt und als „Zweitnutzung" im Rohr gebraten oder zu einer Suppe verkocht werden.*

Info

Das **EISKRAUT** *(Mesembryanthemum crystallinum), ein erfrischend salziges, dickfleischiges Blattkraut, ist noch selten erhältlich. Eiskraut braucht wenig Platz und macht sich mit seinen wie von feinen Salzkristallen überzogenen Blättern mit rötlich angehauchten Blattspitzen samt hängendem Wuchs besonders hübsch in Töpfen. So kann man dem sehr wärmebedürftigen Kraut auch einen vor Nässe geschützten, vollsonnigen Platz anbieten. Geerntet werden entweder die einzelnen Blätter oder ganze Triebe, laufend, aber schonend in kleinen Portionen. Für dicke Blätter braucht es regelmäßige Wassergaben, ab und zu mit ein wenig Blumenflüssigdünger.*

KÜRBIS >82
KRÄUTER >16

GESCHMORTER MOSCHUSKÜRBIS

mit Weißwein-Traubensaft-Sauce

ZUTATEN

1 Mini-Butternusskürbis oder 1 kernloses Stück „Langer von Neapel", ca. ¾ kg
2–3 EL Rapsöl

Den Butternusskürbis bzw. das Stück „Langer von Neapel" rundum mit Rapsöl bestreichen, auf ein Backblech legen und im Rohr bei ca. 145 °C Umluft 45–60 Minuten schmoren.

Je nach Größe des Kürbisses kann die Schmorzeit stark variieren. Um zu testen, ob der Kürbis weich ist, mit einem Messer bis in die Mitte stechen, die Konsistenz sollte ähnlich sein wie bei fertig gekochten Kartoffeln.

WEISSWEIN-TRAUBENSAFT-SAUCE

½ l Weißwein, ½ l Traubensaft
4–5 Lorbeerblätter, je 1 Zweig Thymian und Rosmarin
⅛ l Gemüsesuppe, Salz, Pfeffer

Für die Weißwein-Traubensaft-Sauce den Wein, den Traubensaft und die Gewürzkräuter in einem hohen Topf zum Kochen bringen und auf kleiner Flamme köcheln lassen, bis die Flüssigkeit eine sirupartige Konsistenz aufweist. Nun die Gemüsesuppe zugeben und mit Salz und Pfeffer abschmecken.

SAUERRAHM-DIP

4 EL Sauerrahm
1 TL Estragonsenf
1 EL Weißweinessig
Salz, Pfeffer, Zucker

Alle Zutaten mit einem Schneebesen glatt rühren.

Tipp

Wenn Sie Gäste eingeladen haben und nicht den ganzen Tag in der Küche verbringen wollen, können Sie einen großen Butternusskürbis oder einen ganzen „Langen von Neapel" über Nacht im Backrohr schmoren lassen. Diesen dazu auf ein Backblech legen und bei 80–100 °C bei Ober-/Unterhitze ca. 8–15 Stunden im Rohr lassen. Mit einem Messer anstechen und prüfen, ob er weich ist.
Bei 75 °C können Sie den fertigen Kürbis für einige Stunden im Backrohr warmhalten und vor den Augen Ihrer Gäste (wie einen Braten) in Scheiben schneiden.

Info

MOSCHUSKÜRBISSE *wie „Butternuss" oder „Langer von Neapel" haben wenige Kerne bzw. konzentrieren sich diese auf den bauchigen Teil. Alles über dem Bauch, dem „Kürbishals", eignet sich perfekt, um kernfreie Scheiben für Kürbis-Schnitzel zu schneiden.*
Sie wissen nicht, was Sie mit den vielen selbstgeernteten Kürbissen machen sollen? Probieren Sie einmal meine **KÜRBISMARMELADE!** *Aus dieser können Sie jederzeit einen herrlich-saftigen Kürbiskuchen zaubern, besonders köstlich schmeckt dieser, wenn noch kein heimisches Obst reif ist (Rezept siehe Seite 180).*

KÜRBIS >82
BLÜTEN >18

MOSCHUSKÜRBIS IN KNUSPRIGER HANFSAMEN-EPAZOTE-KRUSTE

mit Zapallito-Chutney

ZUTATEN

6–10 fingerdicke Scheiben Moschuskürbis (oder festfleischiger Hokkaidokürbis samt Schale)
1–2 Eier
3–4 EL Hanfsamen
1 Büschel Epazotenblätter
6–8 EL Rapsöl
Salz, Pfeffer
essbare Blüten als Dekoration

Aus den Kürbisscheiben mit einem Keksausstecher ca. 5–8 cm große Stücke ausstechen. Diese in dem verschlagenen Ei wenden, sodass die Kürbisstücke rundum mit dem Ei benetzt sind.
Diese in den Hanfsamen wälzen und mit den klein geschnittenen Epazoteblättern sowie Salz und Pfeffer würzen.
Das Rapsöl in einer Pfanne erhitzen und die panierten Kürbisstücke auf jeder Seite bei mittlerer Hitze knusprig braten.
Wenn Sie einmal origineller anrichten möchten, verwenden Sie z. B. ein Mariendistelblatt als dekorative und gleichzeitig essbare Unterlage. Die knusprigen Kürbisstücke machen auf der grün-weißen Unterlage eine noch bessere Figur.

ZAPALLITO-CHUTNEY

(Siehe Rezept Seite 178)

eventuell Mariendistelblätter und -blüten

Mit dem fertig eingekochten Zapallito-Chutney und essbaren Blüten je nach Jahreszeit garnieren (am Bild die Blüten einer weißen Kosmee).

Tipp

Die festen, grün-weiß gescheckten Blätter der **MARIENDISTEL** *schmecken ausgezeichnet in Salaten, denen sie eine erfrischende Note verleihen. Dazu die spitzen Blattstacheln rundum wegschneiden und in mundgerechte Stücke zerkleinern.*
Mariendisteln werden feldmäßig für die Pharmazie angebaut. Aus ihren Samen wird der Leberwirkstoff Silybin gewonnen. Im Hausgarten erfreuen wir uns an den rosa Blütenknöpfen dieser pflegeleichten Heilpflanze.

Info

EPAZOTE, *auch Mexikanischer Drüsengänsefuß oder Wohlriechender Gänsefuß genannt, ist mit den Melden und dem Blatt-Amarant verwandt, aber von besonderer Würzigkeit. Die Epazote kann sehr scharf und intensiv schmecken, besonders im Rohzustand. Durch Erhitzen wird diese Intensität vermindert. Deshalb nutzt man Epazote meist als Kochgewürz – traditionell in Mexiko – ähnlich unserem Bohnenkraut in allen Bohnengerichten, da es auch blähungsmindernd wirkt.*
Epazote gilt generell als Heilkraut bei Magenproblemen. Der intensive Geruch der Pflanze spiegelt sich im Namen: „Epazote“ stammt aus der Aztekensprache und setzt sich zusammen aus „epatl“ (= Stinktier) und „sotl“ (= Schweiß, Schmutz).

KÜRBIS >82
ASIA-SALATE >15
ENDIVIE >126
KNOBLAUCH >132
RADICCHIO >128

WALDVIERTLER BURGER MIT KÜRBIS

und Bitter- und Asiasalaten

ZUTATEN

ca. ¼ kg Rinderfaschiertes
½ kleiner Hokkaidokürbis (etwa halb so große Menge wie Fleisch)
2 Eier
1 Handvoll Bäckerbrösel
1 kleine Handvoll Schnittknoblauch oder Knoblauch
Salz, Pfeffer
3 Scheiben Schwarzbrot
Etwas Rapsöl zum Braten

Das Rinderfaschierte mit dem fein geraspelten Hokkaidokürbis (samt Schale), den Eiern, den Bäckerbröseln und dem klein geschnittenen Schnittknoblauch oder gepressten Knoblauch vermischen und mit Salz und Pfeffer würzen.
Die Fleischmasse zu mittelgroßen Laibchen formen.
Diese in der heißen Pfanne in Rapsöl beidseitig ca. 4–6 Minuten scharf-knusprig anbraten, dabei mehrmals wenden. Dann die Pfanne beiseite stellen und an einem warmen Ort rasten lassen.
Die Schwarzbrotscheiben halbieren und beidseitig ebenfalls in Rapsöl in der Pfanne anrösten oder im Toaster toasten.
Die getoasteten Schwarzbrotscheiben abwechselnd mit den gebratenen Laibchen auf einen Schaschlik-Spieß stecken. Dazwischen können Sie auch einige Salatblätter als Garnitur platzieren.

BITTER- UND ASIASALATE

1 Handvoll farbige Bittersalate, z. B. Radicchio, Endivie, Catalogna
1 Handvoll grün-rote Asiasalate, z. B. „Mizuna", „Red Giant", „Grün im Schnee"

Den Salat waschen, gut abtropfen lassen oder trockenschleudern, sodass möglichst wenig Wasser auf den Blättern zurückbleibt.
Bei großem Salathunger diesen als Beilage in einer Schüssel anrichten.

SAUERRAHM-DIP

4 EL Sauerrahm
1 TL Estragonsenf
1 EL Weißweinessig
Salz, Pfeffer, Zucker

Mit dem Sauerrahm-Dip am Teller anrichten.

BLÜTEN >18
RUSSISCHE GURKE >85

KARAMELLISIERTE RUSSISCHE GURKE

mit Salbei-Rosenblüten-Vinaigrette

ZUTATEN

2–3 Russische Gurken, z. B. „Russkaja" oder „Poona Kheera"
2 EL Kristallzucker
1 EL Butter

Die Russischen Gurken halbieren, mit einem Löffel von den Kernen befreien und in ca. 1 cm dicke Scheiben schneiden.
Den Zucker in einer großen Pfanne langsam erhitzen. Sobald der Zucker flüssig und braun wird – er karamellisiert –, die Russischen Gurken hinzufügen und sofort mit dem Kochlöffel durchmischen.
Ca. 2–4 Minuten auf der Herdplatte belassen, bis die Flüssigkeit, welche die Gurke abgibt, verdampft ist. Dann die Butter zugeben und mit Salz und Pfeffer würzen.

VINAIGRETTE

1 Zwiebel
3–4 EL Verjus
2 EL Leinöl (oder Nussöl)
1 Handvoll Duftrosenblütenblätter
Salbeiblätter
1 kleine Handvoll Schnittknoblauch
Salz, Pfeffer

Für die Vinaigrette die Zwiebel in sehr kleine Würfel schneiden, mit Verjus und Leinöl verrühren und die klein geschnittenen Duftrosenblütenblätter, den Salbei und den klein geschnittenen Schnittknoblauch zugeben. Mit Salz und Pfeffer würzen.

Info

Je nach Reifegrad sind **RUSSISCHE GURKEN** *grün, gelb oder braun genetzt und je reifer, desto größer sind auch die Früchte. Sie sind dickbauchiger als Schlangengurken.*
LEINÖL *ist eine traditionelle Spezialität aus dem Mühlviertel und anderen „Textilregionen". Die Leinpflanze wurde früher doppelt genutzt: Die Faser wurde zu Flachs versponnen, aus den Samen das Öl gepresst.*
Es schmeckt hervorragend in Kombination mit Stampfkartoffeln und/oder Frischkäse. Kaltgepresstes Leinöl ist eines der wertvollsten Speiseöle. Der Gehalt an gesundheitsfördernden Omega-3-Fettsäuren ist höher als bei Meeresfischen. Es ist allerdings nur kurz haltbar (etwa drei Monate im Kühlschrank).

ERBSEN >87
KARTOFFEL >12
PIMPINELLE >3

RINDSROULADE MIT ZUCKERERBSENSCHOTEN

mit jungen Heurigen und Pimpinelle

ZUTATEN

10–12 kleine Heurige (oder festkochende Kartoffeln)
2 Handvoll Zuckererbsenschoten
2–3 EL Schweineschmalz oder Butterschmalz
2 sehr dünn geschnittene Rindsschnitzel (am besten vom Fleischhauer sehr dünn schneiden und plattieren lassen)
ca ¼ l Rotwein
3–4 EL Rindsuppe bzw. Wasser
Salz, Pfeffer und Zucker
1 EL Butter
1–2 Handvoll Pimpinelle

Die Heurigen in der Schale kochen oder dämpfen, schälen und beiseite stellen.
Die Zuckererbsenschoten von den Enden befreien. Einen Teil diagonal halbieren, den anderen in dünne, feine Streifen schneiden.
Für die Roulade das Schmalz in einer großen Pfanne sehr stark erhitzen. Die Fleischstücke mit Salz und Pfeffer würzen und auf einer Seite scharf anbraten. (Wenn Sie das Fleisch nicht rosa-, sondern durchgebraten haben wollen, dieses auch auf der zweiten Seite kurz anbraten.)
Die in Streifen geschnittenen Zuckererbsenschoten auf der noch rohen Seite des Fleisches verteilen. Nun mit einer Fleischgabel das Fleisch rasch zu einer Roulade drehen und mit Zahnstocher fixieren.
An einem warmen Ort (neben dem Ofen oder im Backrohr unter 100 °C) rasten lassen.
Nun den Rotwein in die Pfanne geben und einreduzieren lassen, bis fast die gesamte Flüssigkeit verdampft ist. Mit ein paar Esslöffeln Suppe oder Wasser aufgießen und mit Salz, Pfeffer und Zucker abschmecken.
Die diagonal halbierten Zuckererbsenschoten in Butter unter ständigem Rühren kurz sautieren, dann die Heurigen und – kurz vor dem Anrichten – die gezupfte Pimpinelle zugeben.

Tipp

PLATTIEREN *zu Hause: Die vom Fleischer dünn geschnittenen Fleischstücke zwischen zwei Lagen Frischhaltefolie legen. Dabei darauf achten, dass die Folien das Fleisch um 5–10 cm überragen, da sich das Fleisch beim Plattieren um einiges ausdehnt! Nun den „Schnitzelklopfer" mit der glatten Seite oder, wenn improvisiert werden muss, einen möglichst schweren Topf mit Stiel verwenden. Vorsichtig von der Mitte weg Richtung Rand „klopfen", bis das Fleisch die gewünschte Stärke hat. Auch hier gilt: Übung macht den Meister!*

HIMBEERTÖRTCHEN MIT ZWEIERLEI MOHN

ZUTATEN

3 Eier
3 EL Zucker
4 EL Mehl, (Einkorn-, Emmer- oder Waldstaudekorn-Mehl)
2 EL Graumohn, gequetscht
2 EL Weißmohn, gequetscht
ca. 4–5 EL Himbeermarmelade
eine Handvoll frische Himbeeren (wenn gerade reif)
⅛ l Schlagobers

Jeweils 2 EL Mehl mit dem Graumohn bzw. dem Weißmohn vermengen. Die ganzen Eier mit dem Zucker in der Rührmaschine oder dem Handmixer 8–10 Minuten aufschlagen, bis die Masse fast weiß ist. Diese Eimasse in zwei gleiche Teile auf zwei Schüsseln aufteilen.
Einen Teil mit der Mehl-Graumohn-Mischung vorsichtig vermengen, den anderen Teil mit der Mehl-Weißmohn-Mischung.
Anschließend beide Teige rasch separat auf zwei mit Backpapier belegte Backbleche streichen und bei ca. 200 °C Umluft 6–10 Minuten backen. Die Backdauer richtet sich vor allem nach der Höhe der Ei-Mohn-Mischung. Mit der Nadel eine Garprobe machen.
Wenn der gebackene Teig erkaltet ist, schneiden Sie diesen in Quadrate und streichen die Himbeermarmelade abwechselnd auf die Grau- bzw. Weißmohn-Quadrate und setzen damit einen kleinen Turm zusammen. Als Dekoration frische Himbeeren und naturbelassenes oder mit Himbeermarmelade eingefärbtes Schlagobers verwenden.

Tipp

Quetschen Sie nach Möglichkeit Ihren **MOHN** *selbst und bewahren Sie diesen in der Tiefkühltruhe auf. So hält er am besten, verliert wenig Aroma und wird nicht ranzig!*

Info

SCHLAFMOHN *(Papaver somniferum) ist auf Feldern wie im Garten eine Zierde. Von tief blutrot, filigran altrosa, zart purpur bis vornehm violett und blütenweiß sind seine Blüten im Hochsommer. In seinen Kapseln verbergen sich zahllose Samenkörnchen. Der aus dem westlichen Mittelmeerraum stammende Mohn gehört als Droge und Heilmittel zu den ältesten Kulturpflanzen Europas. Besonders reich an essenziellen Fettsäuren, enthält er bis zu 60 Prozent Linolsäure, die unser Körper braucht.*
Die weltweit am häufigsten angebaute Sorte ist der **BLAUMOHN** *mit blau-schwarzen Samen. Er ist der herbere und geeignet für pikante Speisen, für deftigere Salate und frischen Schafkäse, aber auch als Panier für einen gebackenen Karpfen.*
Der **GRAUMOHN** *mit hellgrauen Samen gehört zu den schon fast verschwundenen Regionalsorten des Wald- und Mühlviertels. Seine Samenschale ist dünn und zart wie sein Aroma mild und fein, was ihn für Süßspeisen aller Art auszeichnet. Er machte die picksüßen Zelten, Nudeln und Strudel aus Kartoffelteig zu „Nationalgerichten“.*
Noch seltener ist der **WEISSMOHN** *mit hellgelben Körnern. Er hat ein intensives Walnussaroma und kommt besonders in Kuchen oder Parfaits zur Geltung.*

KÜRBIS >82
KARTOFFEL >120

FEIGENBLATTKÜRBISAUFLAUF MIT BUNTEN KARTOFFELN

dazu Birnensalat

ZUTATEN

1–2 farbige Kartoffeln, z. B. „Blaue Elise", in Scheiben geschnitten
3 Eier
2 EL Kristallzucker
2 EL Butter, flüssig
5 EL Feigenblattkürbis geschält & fein geraspelt
1 EL feiner Emmergrieß
2 EL Emmermehl
etwas Mehl
Staubzucker zum Bestreuen

Die Kartoffeln weich kochen oder dämpfen, schälen, auskühlen lassen und in ca. 4 mm dicke Scheiben schneiden – dies kann schon am Vortag erledigt werden. Sie können auch übrig gebliebene Kartoffeln verwenden!
Die ganzen Eier mit dem Zucker in der Rührmaschine oder mit einem Handmixer sehr schaumig schlagen. (Die Ei-Zucker-Masse wird durch langes Aufschlagen fast weiß!) Die flüssige – aber nicht mehr heiße – Butter langsam einrühren, den Feigenblattkürbis zugeben. Den Emmergrieß mit dem Emmermehl vermischen und vorsichtig unter die Ei-Kürbis-Masse heben.
Die Masse in eine Auflaufform geben. Um ein Absinken der Kartoffelscheiben zu verhindern, diese einmal in Mehl wenden und auf die Auflaufmasse legen. Bei 165–170 °C ca. 12–15 Minuten backen.
Mit Staubzucker bestreuen.

BIRNENSALAT

1–2 Birnen, z. B. Wiener Haferbirne, Dechant-Novemberbirne
4–6 EL Verjus
½ EL Zucker
eventuell Zimt

Die Birnen für den Birnensalat sollten nicht zu reif sein, sondern eher kompakt und „hartfleischig".
Birnen schälen und in breite, dünne Scheiben schneiden – dies geht am einfachsten, wenn man die Birne mit dem Sparschäler bis zum Kerngehäuse schält! Mit Verjus und etwas Zucker marinieren, auf Wunsch noch mit etwas Zimt verfeinern.
Variante:
Wem Birnen nicht zusagen, können sie durch säuerliche Äpfel ersetzt werden.

Tipp

Da der Feigenblattkürbis selbst bereits eine gewisse Süße aufweist, lässt sich aus ihm auch eine wunderbare KÜRBISMARMELADE *(siehe Rezept Seite 181) zubereiten. Und diese Marmelade kann man dann im oben genannten Rezept als Ersatz für den frisch geraspelten Kürbis nehmen. In diesem Fall eventuell 1 EL weniger als vom frischen Kürbis und eine Prise weniger Zucker verwenden, da die Marmelade doch um einiges süßer als der frische Feigenblattkürbis ist!*

VON DEN SCHÄTZEN DER ERDE

Wurzeln und Knollen

Vor unseren Augen verborgen, langsam und stetig, reifen über den Sommer unterirdisch dicke Energiebündel heran. Es ist jedes Mal ein Hochgenuss, die Knollen und Wurzeln auszugraben und mit noch erdigen Fingern in die Küche zu bringen. Auch die robusten Oberirdischen, die sogar der Kälte des Winters widerstehen, strotzen nur so vor gesunder Kraft und wertvollen Inhaltsstoffen. Nahrhaft und schmackhaft sind sie allesamt – ein wahres „Seelenfutter“, das uns satt und glücklich macht!

KARTOFFELN

Herzhafte Knollen

Die Kartoffel *(Solanum tuberosum)*, in Österreich traditionell gern „Erdapfel" genannt, stammt aus den Hochlagen der Anden und wurde von den europäischen Eroberern zunächst als Geschenk in die ferne Heimat verschifft. Anfangs eher als Zierpflanze geschätzt, dauerte es eine Zeitlang, bis die Europäer von der Schmackhaftigkeit dieser nahrhaften Erdfrucht überzeugt waren. Heute ist die Kartoffel das viertwichtigste Nahrungsmittel weltweit.
Unser Appell: Geben Sie im DIY-Anbau selten gewordenen Sorten eine Chance! Ihre mangelnde Ertragsfähigkeit, bei manchen auch ein Mehrbedarf an pflegender Zuwendung, hat sie zu Außenseitern im Erwerbsanbau gemacht. Kartoffelsaatgut kann nicht konserviert werden, jede einzelne Sorte muss zu ihrer Erhaltung jedes Jahr frisch „gezeugt" werden.
Unsere Sortenempfehlungen: Mit der Frühkartoffel „Annabelle" liegt eine zwar recht junge, dafür mit großer Trockenheitstoleranz gesegnete Züchtung vor, die auch auf kargen Sandböden bestens fruchtet. Spezielle Sorten für Salate zeichnen sich durch ihre Festigkeit und Süße aus, sind aber meist sehr klein, mehr daumenlang als faustdick und nicht so ertragreich. Für den festlichen Kartoffelsalat empfehlen sich „Naglerner Kipfler", „La Ratte", „Rosa Tannenzapfen" oder „Bamberger Hörnchen".
Für Raritätensammler sind jedoch die bunten Sorten besonders interessant. Einige sind nur äußerlich in farbige Schale gehüllt, andere sind durch und durch cremeweiß, rosa, rot, blau, dunkelviolett bis fast schwarz. Unter den durchgefärbten blauen Sorten ist „Blaue Mauritius" eine mittelspäte österreichische, „Blaue Schweden" eine skandinavische Sorte. „Purple Fiesta" hat blau-weiß marmoriertes Fleisch. Eine der tiefroten Kartoffeln stammt aus England und wird meist „Highland Burgundy Red" genannt. Häufig nachgefragt wird auch eine Neuzüchtung des deutschen Biobauern und Kartoffelpioniers Karsten Ellenberg. Seine „Rote Emmalie" (ehemals „Rote Emma") bleibt auch nach dem Kochen schön rosa. Und die von ihm gezüchtete „Violetta" (ehemals „Blaue Elise") ist der heiklen „Vitelotte", der begehrten französischen Trüffelkartoffel aus dem Loiretal, sehr ähnlich. Selbstversorger suchen weniger nach Farbe, sondern nach den ergiebigeren und robusteren Sorten wie „Ackersegen", „Cyclame", „Dänische Spargelkartoffel", „Mehlige Mühlviertler" und „Linzer Rose".

TOPINAMBUR

Topinambur-Neulingen sei geraten, sich in kleinen Dosen mit dem verführerischen Geschmack der auch „Erdartischocke" genannten wilden Schönheit bekannt zu machen. Der an sich gesunde, verdauungsfördernde Inulingehalt kann vor allem bei Rohgenuss zu kräftiger Unruhe vom Magen abwärts führen. Spitzenköche schätzen ihren unvergleichlichen Geschmack, und die moderne Ernährungswissenschaft weist der auch „Erdbirne" genannten Knolle deutlich mehr Vitamine und Mineralstoffe zu als unserer heiß geliebten Kartoffel. Bei der Topinambur *(Helianthus tuberosus)*, botanisch zu den Sonnenblumen gehörig, kann fast nichts schiefgehen, außer dass man sie, einmal wo gepflanzt, nicht mehr los wird. Das gesunde Wurzelgemüse ist im Garten mehr als anspruchslos und wird am besten irgendwo in einer unbeachteten Ecke untergebracht. Die Knollen können bei offenem Boden von Herbst bis zum nächsten Frühjahr geerntet werden. Einmal aus der Erde geholt, beginnen sie schnell zu schrumpeln!

BLAUE SCHWEDEN

MEHLIGE MÜHLVIERTLER

ROSA TANNENZAPFEN

ROTE EMMA
LA BONNOTTE
PINKI
BLAUE FINGERLINGE

TOPINAMBUR

LINZER ROSE

GARTENTIPPS KARTOFFELN

Vorkeimen bringt deutlichen Erntevorsprung. Das führt bei Frühkartoffeln im Verein mit ihrer kurzen Kulturdauer von etwa 90 Tagen bereits im Sommer zu feinem Genuss. Dazu werden die Knollen ca. ein Monat vor dem Pflanztermin ans Licht geholt und zuerst ein paar Tage zimmerwarm, dann kühler gelagert. So entstehen bereits vor der Pflanzung kräftige Sprossen. Für den Frühstart sollte die Erde zumindest 6–8 Plusgrade haben (das ist etwa Anfang April) und dann heißt es aufpassen, denn der Austrieb ist frostempfindlich und erhält am Anfang, zumindest in kritischen Nächten, eine schützende Haube. Für alle lagerfähigen Kartoffeln kann man aber mit der Pflanzung ruhigen Gewissens bis Anfang Mai zuwarten. Sie haben ja den ganzen Sommer Zeit für Wachstum und Reife. Wasser geben wir, falls überhaupt, nur direkt auf die Erde. Die Ausbildung der Knollen beginnt mit dem Ende der Blüte und damit auch die Zeit des erhöhten Wasserbedarfs. In normalen Sommern reicht es aber, wenn das Kartoffelbeet dick gemulcht ist. Kartoffelpflanzen unterdrücken Wildkräuter und lockern durch ihr Wurzelgeflecht den Boden für folgende Bepflanzungen. Ein weiteres Plus, das auch bei wenig Platz für ein Kartoffelbeet spricht!

PASTINAKEN

OCHSENHERZ

SYRISCHE VIOLETTE

KAROTTEN UND PASTINAKEN

Knackige Wurzeln

Back to the roots! So leuchtend fröhlich orange, wie wir sie heute lieben, ist die **KAROTTE** *(Daucus carota)*, auch bezeichnet als „Möhre", „Mohrrübe" oder „Gelbe Rübe", noch nicht allzu lang. Das haben erst holländische Züchter im 17. Jahrhundert zuwege gebracht. Dank des farb- und namensgebenden Karotingehalts wird sie seither als „Lichtpflanze" zur Stärkung unserer Sehkraft angepriesen. Die in Europa heimische Wildform hat bloß eine schmutzig-weiße, ziemlich faserige Pfahlwurzel. In Zentralasien sind die wilden Karotten hingegen gelb und purpurrot.

Wer in Suppen und Salaten mehr als Orange haben möchte, erfreut sich daher an Rückentwicklungen mit dem alten violetten Farbeinschlag wie „Syrische Violette" und „Purple Dragon". Aber Achtung, diese Sorten können beim Schneiden kurz die Hände, gekocht ein ganzes Gericht einfärben!

Wer der Karotte im Gartenbeet nicht die gewünschten feinen, steinfreien Verhältnisse bieten kann, baut ihr ein Hochbeet oder greift zu Sorten mit kurzen, dicken Wurzeln und zartem Fleisch wie „Ochsenherz" oder zur kugelrund-kleinen, süßen und allerfrühesten „Pariser Markt". Diese beiden Sorten wandern gern vom Beet gleich in den Mund und liefern auch im Balkongärtchen reichlich Erntespaß.

PASTINAKE

Ein heimisches Wurzelgemüse mit langer Vergangenheit – **PASTINAKE** bedeutet schlicht und einfach „ausgegrabene Wurzel" –, das in unsere Küchen zurückkehrt. Als Wildpflanze ist die Pastinake (bzw. der Pastinak) zwar allerorten zu finden, ihre seit der Jungsteinzeit kultivierte Form hingegen war schon aus unseren Gärten verschwunden.

Die Pastinake *(Pastinaca sativa)* gilt als sehr gesund, nahrhaft und gut verträglich. Mit einem Mehr an Kalium und Vitamin C der Karotte überlegen, nicht anfällig als Speicher für ungesundes Nitrat wie der Spinat, begann ihre moderne Karriere als Babykost. Dann erst entdeckten sie Gourmets für ihre Kreationen. Ihre Würze ist wahrlich süß, ihre Konsistenz knackig und ihre cremefarben-weißliche bis buttergelbe Blässe wirkt am Teller richtig vornehm.

Im Garten ist die Pastinake keine Diva. Sie wächst anspruchslos auch in karger Erde, so man ihr auf dem Weg in die gewünschte Tiefe nicht allzu viele Steine in den Weg legt. Für eine Herbsternte sollte man sehr zeitig zur Aussaat schreiten, im März oder bereits im Dezember des Vorjahres, für eine Winterernte erst Anfang Juni. Während ihrer langen Keimdauer brauchen es die Samen jedenfalls gut feucht. Bei zu dichter Saat Pflanzen rechtzeitig auf etwa 10 cm Abstand ausdünnen. Außer in einem kühl-feuchten Lagerraum samt Sandkiste halten sich Pastinaken auch in ihrer erdigen Gartenhülle über den ganzen Winter frisch. Fosteinwirkung ist sogar gewünscht, denn das verfeinert ihren Geschmack! So können die süßen Wurzeln bis zum Blühbeginn im späten Frühjahr geerntet werden.

„Tender and True" ist eine begehrte englische Züchtung aus dem Jahre 1897. Die ebenfalls bewährte „Halblange Weiße" hingegen lehrt uns, dass Sorten mit dicken, kürzeren Wurzeln durchwegs knackiger und gschmackiger sind als allzu lange Riesen. „White Gem" ist eine zart schmeckende Sorte mit kürzeren, keilförmigen Wurzeln und kommt deswegen auch mit schweren, verdichteten Böden zurecht.

ROTE RÜBEN

Erdige Kraftprotze

Die **ROTE RÜBE** *(Beta vulgaris ssp. vulgaris)* unserer Gärten, auch „Rote Bete" und in der Schweiz „Rande" genannt, stammt wie der Kultur-Mangold von der wilden Rübe ab, die auch als „Meerstrandrübe" oder „See-Mangold" bekannt ist. Die züchterische Arbeit konzentrierte sich auf den Wurzelteil, der sich im Laufe der Zeit zu einer besonders fleischigen, saftigen Knolle ausbildete. Auch die Blätter, besonders die jungen, sind genießbar. Rote Rüben schenken uns also doppelten Nutzen. Das macht den Eigenanbau gleich noch viel lustiger, denn beim Einkauf am Markt sind die Blattschöpfe meist schon gekappt.

Die Knollen der Rüben bilden sich Schicht für Schicht wie die Jahresringe der Bäume. Bei den tiefrot durchgefärbten Sorten ist das kaum sichtbar. Bei der sehr zarten und milden „Tondo di Chioggia" hingegen ergibt Rot auf Weiß auf Rot eine verspielt wirkende Bänderung. Außerdem ist die beliebte italienische Lokalsorte aus dem Veneto nach Chioggia, einem romantischen Seehafen bei Venedig, benannt. Von einer alten französischen Sorte stammt „Bull's Blood", also Ochsenblut. Sie bildet eine rot-creme-geringelte Kugel und besticht zusätzlich durch ihr zartes, dunkelpurpurnes bis fast schwarzes Blatt. Auch die süße, orangegelbe „Burpees Golden" zeigt ihre Ringel her. Sehr süßfleischig ist auch „Bernstein", eine klassische tiefdunkelrote Lokalsorte aus dem Burgenland.

Rote Rüben sind Kraftprotze für unsere Gesundheit, zahlreiche Untersuchungen führen zu einem Loblied für dieses vitalisierende, nährende Gemüse mit seinen vielen Mineralstoffen und dem aufbauenden roten Farbstoff, der von einem hohen Gehalt an dem wertvollen Glycosid Betanin zeugt. Übrigens: Betanin ist unter dem Namen E 162 als Lebensmittelzusatzstoff gelistet, weil es sich gut zum Färben von z. B. Nudeln eignet. In unserer Gartenküche lädt dies zum Experimentieren ein – überraschen Sie doch einmal Ihre Lieben mit rotem Pizzateig, roten Gnocchi oder rotem Weißkrautsalat! Im Rohgenuss sind Rote Rüben eher erdig, herb und fast kratzig, daher entweder jung essen oder mit Rotwein oder Rahm abmildern, dann mutiert die rote Farbe ins sanfte Pink. Gekocht treten die süßen Komponenten deutlicher in den Vordergrund, die in Österreich traditionell von Krenschärfe konterkariert, in Italien von dickem Balsamico-Essig und Olivenöl „eingelullt" werden.

MAIRÜBCHEN

MAIRÜBCHEN *(Brassica rapa var. majalis)* sind eine besonders kleine Form unter den aromatischen Speiserüben. Zeitig im Frühjahr gesät, kann bereits im Mai geerntet werden. Eine zweite Aussaatrunde im Sommer macht aus ihnen „Herbstrübchen". Die zartfleischigen, weiß-lilafarbenen, flachkugeligen Rübchen sind in Frankreich ein traditionelles Frühlingsgemüse, vor allem in der Gegend von Paris sehr geschätzt. Die beste Zubereitung ist sanftes Dünsten, sie können aber auch milchsauer vergoren werden. Auch die Blätter können gegessen werden, in manchen Gegenden werden diese unter dem Namen „Rübstiel" vermarktet.

Eng verwandt mit den Mairübchen ist eines der Lieblingsgemüse unseres verehrten Geheimrats Goethe, das **TELTOWER RÜBCHEN** aus dem Städtchen Teltow in Brandenburg. Diese sind nicht flachkugelig, sondern birnenförmig (wie eine kleine Pastinake), hellgelbfleischig und von besonders süßem Retticharoma, das sich allerdings nur auf sandigen Böden so delikat ausbildet.

GARTENTIPPS ROTE RÜBEN

Rote Rüben sind recht anspruchslos, gedeihen auch im Halbschatten und in höheren Lagen, daher in heißen Sommern gleichmäßig gießen, damit die fleischige Knolle saftig-zart bleibt. Als ehemaliger Küstenbewohner sind sie dankbar für eine Gabe Salz – ca. 1 TL/m². Gute Partner im Beet sind Salate, Gurken, Kohl, Erbsen oder Bohnen. Nicht gewünscht ist die Gesellschaft anderer Gänsefußgewächse wie Mangold, Spinat oder Melde. Wer schon im Frühsommer junge Rote Rüben essen will, greift zur Vorkultur. Ansonsten nehmen wir die Aussaat erst nach dem Frost vor, denn Kälteschocks verleiten zu frühzeitigem Blühen. Rote Rüben bilden Samenknäuel aus. Diese über Nacht vorquellen und ca. 3–4 cm tief im Abstand von etwa 15–20 cm legen. Überschüssige Pflänzchen, die aufgehen, herausziehen und als Baby Leaf essen.

MICROGREEN ROTE RÜBE

MAIRÜBEN

BERNSTEIN

BURPEES GOLDEN

ENDIVIE, ZUCKERHUT & CO

Die europäischen Wintersalate

Ob Endivie oder Zuckerhut, Radicchio oder Chicorée, sie alle stammen von einer einzigen Wildform ab, der blaublühenden Gemeinen Wegwarte *(Cichorium intybus)*. Diese kommt von Europa bis nach Vorderasien und Nordafrika, meist an den Wegrand verdrängt, an trockenen, sonnigen Stellen vor. Bei den Germanen galt sie als heilkräftige magische Zauberpflanze. Ihre erste kulinarische Nutzung konzentrierte sich auf die Züchtung dicker Wurzeln *(var. sativum)*, die geröstet und gerieben bis heute als Kaffeeersatz dienen. Ab dem Mittelalter gibt es auch Belege für die Blattnutzung mit in ihrem Erscheinungsbild sehr unterschiedlichen Formen *(var. foliosum)*.
Die bei uns Chicorée genannte blassgelbe Treibzichorie verdanken wir den Belgiern, der meist tief rotblättrige Radicchio wurde vor allem in Italien im Veneto entwickelt und ist bei uns nördlich der Alpen erst seit etwa 1960 bekannt. Der Zuckerhut ist ebenfalls eine Spezialität des 20. Jahrhunderts, ursprünglich in Südfrankreich, Italien und der Schweiz herangezogen. Eines haben alle Blattzichorien nach wie vor gemeinsam: das wertvolle Intybin und weitere Bitterstoffe, die anregend auf die Verdauung wirken. Der hohe Gehalt an Inulin, Mineralstoffen, Folsäure, Vitamin A und C zeichnet sie ebenfalls allesamt als für unsere Gesundheit willkommenes Wintergemüse aus.

ENDIVIEN UND FRISÉE

Die Endivie *(Cichorium endivia)* war schon bei den Ägyptern, Griechen und Römern ein beliebter Wintersalat. Ältere Sorten wurden und werden in von Hand gebleichter Form veredelt. Durch lockeres Zusammenbinden der Blattschöpfe, durch Überstülpen eines schwarzen Eimers, einer Tonglocke oder Abdeckung mit einer lichtdichten Mulch-Folie entstehen weniger Bitterstoffe. Der Geschmack wird dabei milder, oft sogar ein wenig nussig-süß. Moderne Sorten sind selbstbleichend. Der Wuchs ihrer Blätter ist so nach innen gerollt, dass kaum mehr Licht bis ins Herz dringen kann. Endivie liebt gut genährten, lockeren Boden. Zu früh gesät bzw. gepflanzt, schießt klassische Winterendivie in Blüte, später als etwa Mitte August wird sie nicht mehr ausreichend groß und schön. Für eine optimale Entwicklung ist etwa 30 x 30 cm Abstand einzuplanen.
Lange Zeit waren bei uns die *„Latifolium"*-Formen mit glatten, unbehaarten und breiten Blättern am geläufigsten. Sie sind auch robuster, insgesamt etwas forstverträglicher bis –5 °C, gut lagerfähig und daher vereinfacht als **WINTERENDIVIE** bezeichnet. Gute Wintersorten sind z. B. „Escariol Gelb" oder „Bubikopf". Die lockeren Rosetten mit den tiefgeschlitzten krausen Blättern *(var. crispum)*, als Frisée bezeichnet, sind nicht frosttauglich und werden wohl deshalb am Markt oft unter der etwas irreführenden Bezeichnung **SOMMERENDIVIE** angeboten.

ZUCKERHUT

Zuckerhut *(Cichorium intybus var. foliosum)*, auch Fleischkraut oder Herbstzichorie genannt, ist sehr frostverträglich. Bis etwa –10 °C, bei trockenem Wetter auch noch mehr, kann er durchaus den ganzen Winter im Beet bleiben. Lagerfähig ist Zuckerhut am besten, wenn er samt den Strünken ausgegraben und in mehreren Lagen Zeitungspapier fest eingewickelt wird. Die äußeren Hüllblätter vertrocknen zwar, die inneren sind dadurch jedoch bestens geschützt und werden im Laufe einer kühlen und frostfreien Lagerung sogar immer zarter.

ZUCKERHUT

RADICCHIO ROSSO DI TREVISO

CHICORÉE

RADICCHIO DI CHIOGGIA

FRISÉE

VARIEGATO DI CASTELFRANCO

Zuckerhut wird zur Sommermitte in gut gedüngte Erde mit weitem Stand, etwa 40 x 40 cm, ausgepflanzt. Er braucht in der ersten Wachstumszeit bei Trockenheit regelmäßige Wassergaben, ist ansonsten aber anspruchslos. Die italienische Sorte „Zuckerhut" ist eine der anpassungsfähigsten und gedeiht vom Weinbauklima bis in alpine Lagen.

RADICCHIO

Bei uns wird der Rote Radicchio *(Chicorium intybus var. foliosum)* vor allem als Salat verwendet. In Italien hingegen werden daraus köstliche warme Gerichte zubereitet. Besonders im Norden gilt er als lokale Spezialität, dem sogar eigene Volksfeste gewidmet sind.
Die bekannteste Radicchiosorte ist der kugelige „Palla Rossa" oder „Rossa di Verona". Er bildet fest geschlossene Köpfe aus tiefroten Blättern mit weißer Mittelrippe. Er verträgt nur leichten Frost und wird daher bald geerntet. Wenn man dabei den Kopf nicht zu tief am Wurzelhals abschneidet, bilden sich nach einem milden Winter im Frühjahr nochmals kleine zarte Köpfchen. Einfach zuschauen und genießen, wie sie wachsen!
„Variegato di Castelfranco" und „Variegato di Lusia" sind wahre Schönheiten und werden auch „Orchideensalat" genannt. „Lusia" hat weinrot-weiß-gelb gesprenkelte, leicht gekräuselte Blätter in lockeren Köpfen, „Castelfranco" mehr hellgelb-weiße Blätter mit weinroter Sprenkelung.
Der Anbau erfolgt ab Mitte Juli für Freilandernte, ab September für Winterkultur im geschützten Gewächshaus. Wenn die Wurzelstrünke dick genug sind und die Herzblätter nicht ganz tief abgeschnitten werden, ist eine zweite Ernte über „Treiberei" zu erzielen. Dafür ist der „Rosso di Treviso Tardivo" sogar extra vorgesehen. Bei diesem Roten Radicchio, einer in der Provinz Treviso entwickelten lokalen Spezialität, wird die erste Blatternte nicht genutzt. Es werden die Wurzeln geerntet. Aus diesen entstehen wie bei Chicorée erst im Dunklen durch Treiberei die langen und leicht eingerollten weinroten Blätter. Wenn überhaupt außerhalb von Treviso erhältlich, gehört der „Tardivo" zu den teuersten Preziosen am winterlichen Gourmetmarkt.

CHICORÉE

CHICORÉE oder **TREIBZICHORIE** ist ein waschechtes Wintergemüse. Die im Handel durchgehend angebotene Ganzjahresware wird nicht mehr in Erde, sondern aus wässriger Nährlösung gezogen und verliert dabei sowohl am typisch bitterem Geschmack als auch an der knackig-festen Konsistenz.
Der Anbauzyklus ist zwar lange, aber völlig problemlos. Im Frühsommer sät man die Samen einer Treibzichorie direkt in gut gedüngte, feinkrümelige, möglichst steinfreie Erde, damit sie dort ungestört zu dicken und wenig verzweigten Wurzeln heranwachsen. Nach dem Aufgang auf ca. 10 cm ausdünnen. Das war es dann auch schon für lange Zeit, außer gelegentlich von Unkraut freihalten oder bei großer Trockenheit gießen. Die Wurzeln erst so spät wie möglich ernten. Dazu die Blätter etwa handbreit über dem Wurzelhals abschneiden und bis zur weiteren Verwendung frostfrei, aber kühl lagern. Damit ist alles für die „Treiberei", den krönenden Moment, vorbereitet. Dunkelheit ist entscheidend für die Zartheit und den Wohlgeschmack der jungen Sprosse. Bei Lichtkontakt bildet sich Chlorophyll, das die Blätter sowohl grüner als auch derber und bitterer macht.

TIPPS ZUM TREIBEN VON CHICORÉE: Die Wurzeln einen Tag in lauwarmem Wasser quellen lassen. Das hilft dem Keimprozess auf die Sprünge. Dann dicht an dicht in ein dunkles Gefäß, etwa einen Tontopf, schlichten. Die Zwischenräume mit sandiger Erde füllen und etwas angießen. Einen weiteren lichtabweisenden Topf, mit ein paar Abzugslöchern zwecks Belüftung, darauf stülpen. Dann an einem mäßig warmen Ort bei etwa 15 bis 18 °C sich selbst überlassen. Ab und zu nachschauen, ob es nicht fault oder schimmelt. Bereits nach kurzer Zeit zeigen sich die ersten blassgelben Spitzen und innerhalb von etwa 20–25 Tagen bildet sich die begehrte pralle gelb-weiße Knospe.
Hat man einmal Feuer gefangen, wird die „Treiberei" zu einem lustvollen Wintervergnügen, denn der gleiche Prozess führt auch bei der raren Radicchiosorte „Rosso di Treviso Tardivo" zu den begehrten weinrot-weiß gestreiften Blattrippen.

KOHLGEMÜSE

Stilvolle Evergreens für den Winter

„Kale" ist der neue *Health-Hype* aus Amerika, der unserem braven Kohl sein verstaubtes Arme-Leute-Image im Nu wegblies. Mit der Entdeckung seiner gesundheitlichen Werte, vor allem spezifischer krebshemmender Stoffe, dem sehr hohen Gehalt an Vitamin C, Kalzium, Zink, Magnesium etc. wurde auch festgestellt, dass übliche europäische Zubereitungen diesen Effekt regelrecht zerkochen. Es empfiehlt sich stattdessen kurzes Blanchieren, sanftes Dämpfen oder scharfes, aber so kurz wie mögliches Braten, eventuell mit ein wenig Nachdünsten, wie es die asiatische Wokküche so vollendet zelebriert. Für diesen neuen, ganzjährigen Kohlgenuss eignen sich die lockerwüchsigen **BLATTKOHLE** mit ihren Spielarten wie Palmkohl, Grünkohl bzw. Federkohl am allerbesten. Sie werden laufend, Blatt für Blatt geerntet, ganz nach Bedarf. Es muss also nicht gleich ein ganzer Krautkopf „geköpft" werden, wenn uns die gesunde Lust nach Kohl überkommt.

PALMKOHL *(Brassica oleracea var. palmifolia)* ist das Kohlgemüse der mediterranen Küche. Die bekanntesten Sorten heißen „Cavolo Nero" und „Nero di Toscana", bei uns ist der Palmkohl noch eine Neuheit in Garten und Küche. Sein Pflanzengrün ist roh noch eher gräulich, verwandelt sich aber beim Kochen in ein unglaublich tiefes Schwarzgrün. Keine Spur vom fahlen Ton oder beißendem Duft, der dem Grünkohl sonst oft zu eigen ist. Allein schon das hebt ihn in den Rang einer Delikatesse. Als Südländer hält er sommerliche Hitze gut aus und kann ohne Frosteinwirkung vom Spätsommer weg geerntet werden. Bis –5 Grad kommt er problemlos auch ungeschützt über den Winter und treibt dann sogleich im Frühjahr aus den Blattachseln zarte kleine Palmbüschel – gerade rechtzeitig für das österliche Festmahl.

Der krausblättrige **GRÜNKOHL** *(Brassica oleracea var. sabellica)*, in seiner rotgrünen Form auch **BRAUNKOHL**, in der Schweiz **FEDERKOHL** genannt, ist der schon lang eingesessene Kultkohl der Nordeuropäer von Holland über Westfalen bis Schweden. In dampfenden Schüsseln, dick eingemacht und mit deftigen Beilagen serviert, vertreibt er an feucht-kalten Tagen den Winterblues. Vor allem seine inneren, jungen Blätter sind sehr zart, und es spricht nichts dagegen, auch die oben angeführten Kurzzeitkochtechniken am Grünkohl zu erproben: Die dicken, fleischigen Mittelrippen am besten klein schneiden und extra schmoren oder kurz vorkochen. Es gibt unterschiedliche Wuchsformen, sie reichen von niedrig, z. B. die in den USA beliebte Sorte „Vates Blue Curled", bis mannshoch wie z. B. die Sorte „Ostfriesische Palme". Auch lila Sorten wie der „Hohe Rote Krauser" werden kultiviert. Blattkohle wachsen zu üppigen Skulpturen heran. Sie sind im Garten und besonders auch in großen Pflanzgefäßen äußerst dekorativ. Kohlgewächse, die so viel Blattmasse bilden müssen, sind nicht heikel, brauchen aber ordentlich Nährstoffe und Wasser – im Volksmund gelten sie daher wenig schmeichelhaft als „Fresser und Säufer". Dennoch möchten wir Sie ausdrücklich dazu ermuntern, die coolen krausen Kohle ohne Kopf in Ihr Küchengartenherz zu schließen.

Wie nützlich die Sortenvielfalt selbst bei **KRAUT** *(Brassica oleracea convar. capitata)* ist, zeigt sich darin, dass sich einige Züchtungen besonders gut für Sauerkraut eignen. Zu diesen sogenannten „Einschneidesorten" gehören österreichische Spezialitäten wie das „Oststeirerkraut", das ebenfalls steirische „Premstättner Schnitt" oder das „Kärntner Gebirgskraut". Sauerkraut war übrigens eine der absoluten Lieblingsspeisen des steirischen Dichters

PALMKOHL

KÄRNTNER GEBIRGSKRAUT

OSTSTEIRERKRAUT

KOHLBEET

ROTER BLATTKOHL

RED GIANT

Peter Rosegger. „Filderkraut" ist eine alte Spitzkrautsorte für die Herbsternte aus dem Stuttgarter Raum, dort vor allem für Sauerkraut begehrt. Eine einzigartige Rarität ist „Vysocke" (Syn.„Kalibos"), ein kaum mehr angebauter rot-violetter Spitzkohl aus Tschechien. Er ist so spätreifend wie die runden Kopfkohle, perfekt im Rohgenuss und zum Einsäuern – was ein herrlich pinkfarbenes Sauerkraut ergibt.

ASIATISCHE KOHLGEMÜSE

Neuerdings bereichern die fernöstlichen Blattkohle unsere Gartenküche vor allem in der kalten Jahreszeit durch ihre optische und geschmackliche Vielfalt. Zudem sind ihr hoher Vitamin-C-Gehalt sowie die bioaktiven Senfölglycoside gesundheitlich besonders wertvoll. Bevorzugt werden sie als Asia-Salate oder Wokgemüse verwendet.

PAK CHOI und **TATSOI** *(Brassica rapa ssp. chinensis)* ist ein wenig dem bei uns bereits eingebürgerten Chinakohl ähnlich, aber im Garten in jeder Hinsicht viel leichter zu handhaben. Die dicken, weißgrünlichen Blattrippen sind spargelähnlich, die Blätter wie Spinat ein Kochgemüse von angenehm mildem Geschmack und saftig-frischer Konsistenz. Der tief dunkelgrüne, tellerflach bleibende Rosetten-Pak Choi mit seinen löffelförmigen Blättern wird auch als Tatsoi angeboten.

MIZUNA *(Brassica rapa ssp. nipposinica)* hat zartfiedrige, geschlitzte Blätter von mildem Geschmack, ähnlich einer Endivie. Jung geerntet, ist sie bestens für einen Blattsalatmix geeignet. Wenn die langen, weißen Stiele schon fleischiger werden, Mizuna ganz kurz blanchieren oder in den Wok geben. So ist sie vor allem in Japan zu Fisch begehrt.

SENFKOHLE *(Brassica juncea)* sind die schärfsten unter den Blattkohlen, die Schärfe nimmt mit dem Alter zu. Auch Trockenheit während des Wachstums verstärkt die würzige Note. Senfkohle gibt es in zahlreichen Variationen. „Red Giant" mit dunkelrotgrünem Blatt oder der gekrauste „Grün im Schnee" sind bereits gut an unsere Klimaverhältnisse angepasste Sorten.

BRAUNKOHL

GARTENTIPPS KOHLGEMÜSE

Die Asiaten sind allesamt raschwüchsig und ergiebig, gut in Töpfen und sogar indoor zu ziehen. Schon ab dem Babystadium ist die laufende Ernte einzelner Blätter bzw. dann mehrfacher Schnitt möglich. Dafür am besten gleich gemischt als *Oriental Mix* dicht aussäen und nicht extra düngen. Zur Ausbildung großer Rosetten oder lockerer Köpfe ist zwischen den Pflänzchen ein entsprechender Abstand (etwa 25 x 25 cm) und ein Mehr an Nährstoffen erforderlich. Im Alter werden die Blätter zäh und fasrig.

Ihre Kältetoleranz – auch ohne Schutz bis hin zu einigen Minusgraden Frost – prädestiniert sie für die Herbst- und Winterernte. Frühjahresanbau ist genauso möglich, aber etwas heikler. Zu viel Kälte oder zu frühe Wärme verführt zu rascher Blütenbildung. Auch wenn diese Blütensprossen essbar und in der fernöstlichen Küche sogar eine Spezialität sind, markieren sie für uns doch das Ende der Blatternte.

ALLES LAUCH

Gesunde Scharfmacher

SPEISEZWIEBEL *(Allium cepa)* und **KNOBLAUCH** *(Allium sativum)* stammen aus den Steppen Zentralasiens. Wir verkochen sie fast täglich und über das Jahr gesehen sogar in beträchtlichen Mengen. Sie sind auch in bester Bioqualität recht preiswert erhältlich. Wozu sich also in unserem Küchengarten damit die Zeit vertreiben? Einerseits machen sie als Mischkulturpartner eine gesunde Figur. So hält Knoblauchgeruch Pilze fern und Zwiebel vertreibt beißende Fliegen von den Nachbarpflanzen. Andererseits gibt es auch hier eine beachtliche Sortenvielfalt, die wir erst durch Eigenanbau mit Samen kennenlernen können. Und wenn wir Lauche blühen lassen, erhalten wir gratis eine köstlich würzende Zier, die selbst versierte Gourmets noch überraschen kann.

ROTER ZWIEBEL hat eine sehr feine Schärfe und bildet mit seinen rot bis violetten Ringen einen optischen Mehrwert. Im Zusammenspiel mit gelben Kartoffeln, cremefarbenen Aufstrichen oder grünem Blattgemüse entfaltet er seine dekorative Wirkung. Die von engagierten Weinviertler Landwirten kultivierte Lokalsorte „Rote Laaer" und die bewährte Gärtnersorte „Rote Wiener" sind bestens an das trockene ostösterreichische Klima angepasst und allein schon deswegen Importen deutlich überlegen.

Der aus Asien stammende **SCHNITTKNOBLAUCH** *(Allium tuberosum)* hingegen ist milder als Knoblauch und kräftiger als Schnittlauch. Er bildet statt hohler Röhrchen flache, feine Blätter aus. Es gibt Sorten mit weißen und violetten oder rosa Blüten – und alles an ihm ist essbar. Er ist wie Schnittlauch gut selbst aus Samen zu ziehen oder über Stockteilung zu vermehren. Da er mehrjährig ist und mehrfach in einer Saison geschnitten werden kann, verschafft er auch „faulen" Gartenmenschen Genussfreude.

Das allerfeinste Zwiebelaroma, daher auch roh empfehlenswert, liefert uns die **SCHALOTTE** *(Allium cepa var. ascalonicum)* oder Familienzwiebel. Aus einer Steckzwiebel, die sowohl im Herbst als auch im zeitigen Frühjahr gepflanzt werden kann, entstehen bis zum Sommer viele kleine Zwiebelchen.

Von Kopf bis Fuß eine Freude ist auch der mehrjährige **WINTERHECKENZWIEBEL** *(Allium fistulosum)*, auch „Winterzwiebel" oder „Lauchzwiebel"genannt. Röhrenförmige, fleischige Blätter, frische grüne Blütendolden, saftige Knospen und die schlanken Zwiebeln wandern auf den Teller. Er liefert das erste frische Zwiebelgrün im Frühling, treibt lange vor dem wärmebedürftigeren Schnittlauch aus. Durch Anhäufeln bleichen wir den Schaft und erzielen damit Frühlingszwiebel, weißer und feiner im Geschmack als übliche Handelsware. Dafür eignet sich besonders die asiatische Sorte „Ishikura Long White". Eine Rarität ist die Sorte „Red Welsh" mit leicht rot gefärbten Röhren.

GARTENTIPP KNOBLAUCH

In Sachen **KNOBLAUCH** empfehle ich einen innovativen Weg. Wir stecken im Herbst oder zeitigen Frühjahr statt der üblichen Zehen die kleinen Brutknöllchen, die sich zwischen den sterilen Blüten gebildet haben, in die Erde. Innerhalb einer Saison werden aus diesen Bulbillen zartaromatische, aber festfleischige Rundlinge, die mit nur einem einzigen Griff elegant zu schälen sind. Dazu vorher ein paarmal die kleinen Bällchen fest mit der Handfläche auf dem Tisch hin und her rollen. Im Handel werden diese Rundlinge, zu respektablen Kugeln hochgezüchtet, fantasievoll als „Chinesischer Knoblauch" angeboten.

ESCHLAUCH

WINTERHECKENZWIEBEL

SCHNITTKNOBLAUCHBLÜTE

SCHNITTKNOBLAUCH

SCHALOTTENERNTE

ZWIEBEL ROTE LAAER

KARTOFFELN >120
KRÄUTER >16

GEGRILLTER GRÜNSPARGEL MIT RARITÄTEN-KARTOFFELN

und Bronzefenchel-Hollandaise

ZUTATEN

ca. 25 Stangen Grünspargel
6–8 festkochende Kartoffeln, z. B. „Blaue Elise", „Rote Emmalie", „Tannenzapfen"
2 EL Pflanzenöl
2 EL Butter

Die Kartoffeln schälen und roh in 5 mm dicke Scheiben schneiden. (Frisch geerntete Kartoffeln nur abbürsten, nicht schälen.)
In einer Pfanne Pflanzenöl erhitzen und die Kartoffelscheiben beidseitig braten, bis sie durch sind.
Den Grünspargel in 3–5 cm Stücke schneiden, holzige Enden weggeben. In einer zweiten Pfanne kurz in Butter anbraten oder am Griller rasch grillen, damit sie noch knackig bleiben!

BRONZEFENCHEL-HOLLANDAISE

2 Eidotter
1–2 EL Verjus
½ EL Estragonsenf
Salz, Pfeffer, Zucker
2–4 EL Gemüsesuppe
1 Handvoll frischer Bronzefenchelblätter, fein geschnitten
5 EL Butter, flüssig
frischer Estragon, fein geschnitten

Für die Hollandaise alle Zutaten mit Ausnahme des Bronzefenchels und der Butter mit einem Schneebesen oder mit dem Mixer im Schneekessel schaumig schlagen. Anschließend die nicht zu heiße, flüssige Butter unter ständigem Rühren langsam einfließen lassen. Wenn die Sauce zu dick wird, einfach noch ein wenig Gemüsesuppe bzw. Wasser zugeben. Den fein geschnittenen Bronzefenchel unterheben.
Die Kartoffeln gemeinsam mit dem Spargel in Butter schwenken und den fein geschnittenen Estragon dazugeben.

Info

Bereits im alten Ägypten galt der **GRÜNSPARGEL** *(Asparagus officinalis) als Götterspeise, bis Ende des 18. Jahrhunderts kannte man auch nur diesen. Weißer Spargel war ein Zufallsprodukt, entstanden durch oberirdisches Bleichen. Am besten schmeckt jedoch grüner Spargel frisch aus dem eigenen Garten: Dazu versorgt man im Herbst den vorgesehenen Pflanzplatz sehr gut mit Nährstoffen wie Kompost oder Hühnermist. Im Frühjahr wird dort ein ca. 25 cm tiefer Graben ausgehoben, darin werden kleine Hügel angehäuft und über diese die seesternartigen Wurzeln der jungen Spargelpflanze auseinandergebreitet, dann füllt man wieder mit Erde auf. 10 Pflanzen im Abstand von 25 cm nebeneinander in einer Reihe sind für den kleinen Haushalt ausreichend. Dann ist ein wenig Geduld nötig. Ab dem nächsten Jahr sind die ersten Spargelsprosse schon so dick, dass bis etwa Ende Juni immer wieder frisch geerntet werden kann. Nach der Ernte oberflächlich eine ordentliche Kompostgabe einharken. Im Herbst das grüne Spargelkraut abschneiden und die Erde mit einer Mulchdecke in den Winter schicken. Das war es dann bis zum Frühling!*

KRÄUTER >16
BLÜTEN >18
SPINATE >26

Warum Radieschen immer nur roh essen? Sie schmecken auch gebraten hervorragend!

RADIESCHEN MIT NEUSEELÄNDERSPINAT

und Borretsch

ZUTATEN

ca. 1 Bund großkugelige Radieschen, z. B. „Riese von Aspern"
2 Handvoll junge Borretschblätter
2 Handvoll Neuseeländerspinat
2 EL Pflanzenöl
2 „Schluck" trockener Verjus bzw. ersatzweise Weißwein
Zucker, Salz, Pfeffer
Borretschblüten, Gänseblümchen, ev. Knospen vom Neuseeländerspinat zum Garnieren

Die Radieschen in dünne Scheiben schneiden, die Borretschblätter und den Neuseeländerspinat waschen und gut trockenschleudern bzw. ausschütteln, damit das Wasser bei der Zugabe zu heißem Fett keine Verbrennungen verursacht.

2 EL Pflanzenöl in einer mittelgroßen Pfanne erhitzen und die Radieschen zugeben; unter ständigem Durchmischen die Radieschen bei großer Hitze sautieren, bis sie kein Wasser mehr lassen, den Verjus bzw. Weißwein zugeben und so lange einreduzieren lassen, bis die Flüssigkeit sirupartig ist.

Anschließend die Borretschblätter und den Neuseeländerspinat zugeben, mit Salz, Zucker und Pfeffer würzen, die Pfanne rasch von der Herdplatte nehmen und nur noch kurz schwenken.

Auf Tellern anrichten, mit Borretschblüten, Gänseblümchen und, falls vorhanden, den Knospen vom Neuseeländerspinat dekorieren.

Wem die rohen Knospen zu knackig sind, einfach mit den Radieschen kurz mitsautieren!

Tipp

*Das Braten und gleichzeitige Schwenken in der Pfanne wird in der Fachsprache auch „**SAUTIEREN**" genannt. Dies lernt man weder durch Zuschauen noch mit einer technische Anleitung, sondern nur durch praktisches Üben. Üben und nochmals Üben! Hierzu kann man getrockneten Mais, Bohnen oder Erbsen verwenden – und eine am Rand leicht hochgezogene Pfanne.*

Info

*Eingesessene Gärtnerfamilien decken bei Frischgemüse wie Salat, **RADIESCHEN**, Gurken oder Tomaten einen erheblichen Anteil des lokalen Bedarfs und entwickeln und vermehren ihr eigenes Saatgut. Dieser Tradition verdanken wir bei den Radieschen (Raphanus sativus var. sativus) einige Lokalsorten, denen wir vor den internationalen Einheitssorten den Vorzug geben wollen: „Riesen von Aspern" sind besonders großknollige und trotzdem festfleischige, saftige Radieschen mit dezenter Schärfe. „Wiener Rotes Treib" ist eine sehr raschwüchsige Sorte, die kaum holzig wird.*

Weitere Empfehlungen: „Riesenbutter" ist ebenfalls groß und zart und eignet sich auch für den sommerlichen Anbau. „French Breakfast" gefällt mit seiner länglichen Form in Rot mit weißer Spitze.

BLÜTEN >18
RADIESCHEN >136

KALTE GRÜNE RADIESCHENSUPPE

Die grob geschnittenen Radieschenblätter mit allen anderen Zutaten in einen Smoothie-Mixer geben, mit Salz, Pfeffer und einer Prise Zucker würzen und auf höchster Stufe ca. 30 Sekunden mixen.
Fertig zum Servieren! Mit ganzen oder fein gehackten Blütenblättern anrichten.
Als Farbtupfer eignen sich auch die neutralen Zungenblüten einer Ringelblume oder Sonnenblume.

ZUTATEN

2 Handvoll Radieschenblätter
¼ l Milch
⅛ l Obers
3 EL Sauerrahm
Salz, Pfeffer, Zucker
Erfrischend-würzige Blüten von z. B. Kapuzinerkresse, Rucola, Zitronentagetes, Taglilie oder Dahlie

Tipps

Statt Radieschenblättern können Sie auch das Blattgrün von Kohlrabi, Karotten oder Pastinake für diese erfrischende Suppe verwenden und diese mit Kräutern nach Wahl verfeinern: Zu Kohlrabi passen – wie bei Radieschen – eher scharfwürzige oder saure Noten, zum Wurzelgemüse aus der Familie der Doldenblütler andere Doldenblütler wie Fenchel, Dill oder Petersilie.

Info

RADIESCHENSAMEN *entwickeln würzige* **SPROSSEN**, *die ähnlich wie Kressesamen auf feuchtem Papier oder in einer Keimbox gezogen werden können. Auch auf Aussaaterde entwickeln sich junge Radieschenblätter bestens. Beides – Sprossen und „Microgreens" – gibt Suppen, Salaten oder Aufstrichen auch im Winter eine herzhafte Portion Frische und Augenzier.*

KARTOFFELN >120
KRAUT >129
KRÄUTER >16

KARTOFFEL-GRAMMEL-PFANNE MIT SELBSTFERMENTIERTEM SAUERKRAUT

und frittierter Schwarznessel

ZUTATEN

2 Handvoll bunt gemischte Kartoffeln, möglichst festkochend
3 EL Butterschmalz
einige Zweige Kümmelthymian
2 Handvoll Grammeln

Die Kartoffeln waschen, schälen und in ca. 5 mm dicke Scheiben schneiden. In einer schweren Pfanne das Butterschmalz erhitzen und die bunt gemischten Kartoffelscheiben bei mittlerer Hitze beidseitig goldbraun braten. Anschließend den gerebelten und fein gehackten Kümmelthymian und die Grammeln zugeben und 2–3 Minuten weiterbraten, bis die Grammeln knusprig sind.

FRITTIERTE SCHWARZNESSEL

2–3 EL Butterschmalz
je 1 Handvoll rote und grüne Schwarznesselblätter

Das restliche Butterschmalz in einem schmalen, hohen Topf erhitzen und die roten und grünen Schwarznesselblätter einzeln goldbraun frittieren. *Ersatzweise können auch die großen Blätter einer Brennnessel fritiert werden.*

SELBSTFERMENTIERTES SAUERKRAUT

Rezept Seite 183

Mit Sauerkraut anrichten.

Tipp

SELBSTGEMACHTE GRAMMELN: *Grammeln selbst herzustellen ist nicht kompliziert, wird aber leider in privaten Haushalten kaum mehr gemacht. Der Vorteil: Bei der Herstellung von Grammeln fällt auch das wunderbare Schweineschmalz an, welches man ohne Probleme einige Wochen lagern kann!*
Dazu den Speck am besten gleich vom Fleischhauer in ca. 1–2 cm große Würfel schneiden lassen. Wasser (ca. 100 ml auf 1 kg Speck) und Speckwürfel in einen großen Topf geben und langsam erhitzen. Das Wasser verdampft schön langsam. Sobald der Speck zu schmelzen beginnt, ständig rühren, damit nichts anbrennt!
Wenn die Grammeln goldbraun werden und das entstandene Schmalz klar, diese durch ein großes Sieb abgießen. Die Grammeln werden knuspriger, wenn man sie gut ausdrückt. Das entstandene Schmalz entweder in einen Schmalztopf aus Ton geben oder in Einmachgläser abfüllen und noch heiß verschließen. Kühl lagern.

Info

SCHWEINESCHMALZ *ist auch eine traditionelle Basis für die Herstellung von Heilcremen, z. B. Ringelblumen-Heilsalbe. Dazu die gezupften Blütenblätter der Ringelblumen einige Stunden im warmen, flüssigen Schmalz ausziehen lassen. Dabei so viel Fett nehmen, dass die Blüten gut bedeckt sind. Ab und zu umrühren. Dann die Blüten abseihen und die fertige Salbe in saubere Tiegel füllen.*

KARTOFFELN >120
PAPRIKA >79
TOMATEN >76

Ein köstlicher Partysnack!

BUNTE KARTOFFEL-ROSMARIN-CHIPS

mit Saurrahm-Dip & Tomaten-Paprika-Salsa

ZUTATEN FÜR 4 PERSONEN

2–3 Handvoll bunte Kartoffeln, z. B. „Rote Emmalie", „Violetta" bzw. „Blaue Elise", „Pinky"
125 ml Rapsöl
einige Zweige frischer Rosmarin
Salz, Pfeffer

Die fein gesäuberten Kartoffeln mit Schale in 2 mm dicke Scheiben schneiden und im Rapsöl schwimmend goldbraun backen. Damit es beim Hineingeben in das Fett nicht spritzt, tupft man die geschnittenen Rohscheiben mit Küchenpapier ab.
Mit der Schöpfkelle herausnehmen und sofort mit kleingeschnittenem frischem Rosmarin, Salz und Pfeffer würzen.

SAUERRAHM-DIP

4 EL Sauerrahm
1 TL Estragonsenf
1 EL Weißweinessig
Salz, Pfeffer, Zucker

Für den Sauerrahm-Dip *(ohne Abbildung)* alle Zutaten mit einem Schneebesen glattrühren.

TOMATEN-PAPRIKA-SALSA

je 1 grüner, gelber und roter Paprika
Tomatensugo (siehe Seite 92)
1 Handvoll Schnittknoblauch
Salz, Pfeffer, Zucker

Je einen grünen, gelben und roten Paprika in kleine Stücke schneiden und mit selbstgemachtem Tomatensugo vermischen.
Eine kleine Handvoll klein geschnittenen Schnittknoblauch zugeben und mit Salz, Pfeffer und Zucker abschmecken.

Tipp

Auch andere Wurzelgemüse wie Karotten, Pastinaken, Rote Rüben oder Topinambure geben auf die gleiche Weise perfekte **CHIPS** *ab. Eine fettärmere Variante ist das Trocknen im Backrohr oder Dörrapparat. Dazu das Gemüse in ca. 5–7 mm dicke Scheiben schneiden. Dann so lange bei 40–50 °C trocknen, bis diese nicht mehr zäh, sondern knusprig sind. Das kann bis zu einem Tag dauern. Fertige Chips lassen sich in einem geschlossenen Gefäß gut aufbewahren.*

KARTOFFELN >120
RADICCHIO >12
KNOBLAUCH >1

KARTOFFELGNOCCHI

mit bitter-süßem Radicchio

ZUTATEN

3–5 mittelgroße mehlige Kartoffeln, z. B. „Mühlviertler Mehlige", „Ackersegen"
1 Ei
1–3 EL Mehl (Einkorn-, Emmer-, Weizenmehl)
1–2 EL feiner Grieß (Einkorn-, Emmer-, Weizengrieß)
Salz
¼ Muskatnuss
Mehl für die Verarbeitung auf der Arbeitsfläche

Die Kartoffeln in der Schale weich kochen oder dämpfen, schälen und noch heiß durch die Kartoffelpresse drücken. Kurz zur Seite stellen und überkühlen lassen.
Dann mit Ei, Mehl, Grieß, Salz und der geriebenen Muskatnuss möglichst rasch vermischen und ca. 20 Minuten rasten lassen. Der Teig sollte nicht mehr klebrig sein. Wenn nötig, mehr Mehl bzw. Grieß zugeben.
Aus dem Teig mehrere fingerdicke Rollen formen, davon mit einer Teigspachtel ca. 1–2 cm große Stücke abstechen.
Diese über ein Gnocchibrett rollen oder einfach mit einer Gabel andrücken, um die typischen Gnocchirillen zu bekommen (siehe Seite 147). Diese Rillen sind nicht nur Dekoration, sondern sie haben durch die größer werdende Oberfläche den wichtigen Effekt, dass damit mehr Sauce bzw. Butter aufgenommen werden kann.
Die Gnocchi in gesalzenes, kochendes Wasser geben und sofort die Herdplatte auf kleine Stufe zurückdrehen. Die Gnocchi sollen nicht kochen, sondern nur ziehen. Sobald die Gnocchi an die Oberfläche steigen, noch 1–2 Minuten zuwarten, dann vorsichtig mit einem Lochschöpfer aus dem Wasser holen und gut abtropfen lassen.

BITTER-SÜSSER-RADICCHIO

2 Stk. Radicchio Tardivo
2 TL Kristallzucker
1 EL Butter
1 kleine Handvoll Schnittknoblauch (ersatzweise Schnittlauch)
getrocknete farbkräftige Blüten zum Garnieren (z. B. Kornblume, Ringelblume, Saflordistel, Malve)

Für den bitter-süßen Radicchio in einer Pfanne den Kristallzucker ohne Fett leicht karamellisieren, den klein geschnittenen Radicchio und 1 EL Butter hinzufügen. Mit Salz und Pfeffer würzen. Die Hälfte des klein geschnittenen Schnittknoblauchs zugeben. Kräftig durchrühren, damit sich die Zutaten verbinden.

Die fertigen Gnocchi zugeben und vorsichtig schwenken. In einem tiefen Teller anrichten und mit dem restlichen Schnittknoblauch und den getrockneten Blüten bestreuen.

Tipp

Kartoffelteig geht mit heißen Kartoffeln leichter von der Hand als mit kalten!

KARTOFFELGNOCCHI

mit brauner Salbeibutter

ZUTATEN

⅛ kg Butter
Salz
1 Handvoll Salbei
Kartoffelgnocchi
(siehe Rezept Seite 144)

Die Butter in einem Topf auf mittlerer Flamme erhitzen und mit Salz würzen. Sobald die Butter an der Oberfläche Schaum bildet, die Temperatur leicht zurückdrehen und im Auge behalten. Unter oftmaligem Umrühren die Butter langsam bräunen.
Sobald sie eine goldbraune Farbe hat, von der Herdplatte nehmen und ein paar Minuten überkühlen lassen. Kurz vor dem Anrichten mit den Gnocchi und dem fein geschnittenen Salbei vermischen.

In „Brauner Butter" können Sie für die Dekoration noch ganze, sehr trockene Salbeiblätter knusprig braten.
Hierzu die Butter gut erhitzen und die Salbeiblätter einzeln (am besten am Stängel haltend) in die Butter geben.
Vorsicht beim Hineingeben: Eventuell im Salbei noch enthaltenes Wasser kann zu schnell verdampfen und die dabei entstehenden Spritzer können leichte Verbrennungen verursachen!

Tipp

BRAUNE BUTTER *können Sie gut auf Vorrat zubereiten. Da die leicht verderbliche Molke verdampft, hält sich diese Butter wochenlang im Kühlschrank. Zum „Klären" der Butter diese durch ein feines Sieb in ein Glas gießen, auskühlen lassen und abgedeckt im Kühlschrank aufbewahren.*
„Braune Butter" wird auch Nussbutter genannt, weil sie ein herrlich duftendes, nussähnliches Aroma aufweist.

ENDIVIE >126
KARTOFFELN >12
ROTE RÜBE >124
KNOBLAUCH >13

ENDIVIEN-KARTOFFEL-GRATIN

mit Microgreens von der Roten Rübe

ZUTATEN

ca. ¼ kg speckige Kartoffeln, z. B. „Linzer Rose", „Pinki", „Rote Emmalie"
ca. ⅛ l Milch-Schlagobers-Mischung
2–3 Knoblauchzehen oder 1 Rundling
Salz, Pfeffer, Muskatnuss
1 kleiner oder ½ großer Kopf Endiviensalat
2–3 EL geriebener Hartkäse
Microgreens von der Roten Rübe
Essig-Öl-Marinade für den Endiviensalat

Die Kartoffeln roh schälen, mit dem Gurkenhobel in ca. 2–3 mm dicke Scheiben schneiden und in einem Topf mit der Milch-Schlagobers-Mischung langsam erhitzen. Anschließend den sehr klein geschnittenen Knoblauch dazugeben, mit Salz, Pfeffer und Muskatnuss würzen und ständig rühren, damit die Kartoffeln nicht anbrennen.
Sobald die Masse zum Kochen anfängt, von der Herdplatte nehmen.
Die Hälfte des gewaschenen und klein geschnittenen Endiviensalats sowie den Hartkäse hinzufügen und in eine feuerfeste Auflaufform füllen.
Die Milch-Schlagobers-Mischung sollte die Kartoffeln fast bedecken.
Wenn nötig, noch etwas Schlagobers zugeben und im vorgeheizten Backrohr bei 175–180 °C Umluft ca. 10–12 Minuten backen.
Mit einem Messer in die Kartoffeln stechen und kontrollieren, ob sie durchgekocht sind. Die Oberfläche sollte leicht gebräunt sein.
Den restlichen Endiviensalat können Sie feinnudelig geschnitten oder grob zerteilt mit einem schlichten Essig-Öl-Dressing als Beilage servieren.

VARIANTEN: Kartoffelgratin mit grünem Spargel, mit Chicorée, Chili, Puffbohnen, mit Surinamspinat oder Palmkohl ... Kartoffeln sind wahre Tausendsassa und lassen sich mit vielen anderen Gemüsen kombinieren!

Tipps

Wie kann ich ein **KARTOFFELGRATIN SO PORTIONIEREN**, *dass es nicht nach einem Schlachtfeld aussieht? – Ganz einfach! Machen Sie es wie die Profiköche in der Gastronomie! Hierzu wird das Kartoffelgratin schon einige Stunden vor dem Essen oder am Vortag fast fertig gebacken und komplett ausgekühlt. Im diesem kalten Zustand lässt sich das Gratin problemlos und exakt schneiden. Zum Fertigbacken das Backrohr auf Grillfunktion stellen und bei ca. 210 °C 4–6 Minuten fertig backen.*

MICROGREENS: *Im Winter, wenn die frischen Kräuter aus dem Garten fehlen, verlagern wir unser grünes Tun auf die Fensterbank und erzeugen dekorative und vitalisierende Microgreens. Dazu in flachen Schalen Samen von z. B. Roter Rübe, Blaukraut oder anderen Kohlgewächsen aussäen. Mit etwas Erde bedecken, fest andrücken, mit einem feuchten Tuch zudecken oder mit Klarsichtfolie überspannen. Nach rund 4–5 Tagen schieben sich die ersten Keimblätter aus der Erde. Jetzt ans Licht stellen, eventuell gießen (feiner Sprühnebel). Nach weiteren 3–4 Tagen entfalten sich die ersten Blätter. Diese mit der Schere ernten.*

KARTOFFELN >120
RHABARBER >72

ERDÄPFELTATSCHKERL

mit Rhabarber gefüllt

ZUTATEN

2–4 Stangen Rhabarber
Zucker nach Bedarf und persönlicher Vorliebe

Den Rhabarber schälen und in kleine Stücke schneiden, in einem flachen Topf mit dem Zucker erhitzen und im eigenen Saft so lange schmoren lassen, bis der Rhabarber weich ist, aber noch nicht zerfällt.
Für die **FÜLLUNG** der Erdäpfeltatschkerl die Hälfte des Rhabarbers in ein feines Sieb geben, damit die Flüssigkeit gut abtropfen kann.
Den restlichen Rhabarber als **RAGOUT** zum Anrichten aufheben.

KARTOFFELTEIG

3–5 mittelgroße mehlig kochende Kartoffeln z. B. „Barbara", „Agria", „Ackersegen"
1 Ei
1–2 EL Mehl (Einkorn-, Emmer-, Weizenmehl)
1 EL Grieß (Einkorn-, Emmer-, Weizengrieß)
1 EL Zucker
1 Prise Salz
etwas Mehl für die Arbeitsfläche

Die Kartoffeln in der Schale weich kochen bzw. dämpfen, schälen und noch heiß durch die Kartoffelpresse drücken. Das geht leichter als mit kalten Kartoffeln!
Etwas zuwarten und die nicht mehr heißen Kartoffeln mit Ei, Mehl, Grieß, Zucker und einer Prise Salz vermischen. Ca. 20 Minuten rasten lassen.
Die Arbeitsfläche mit etwas Mehl bestreuen. Den Kartoffelteig mit einem Nudelholz ausrollen oder einfach mit bemehlten Händen gleichmäßig flach drücken, bis er ca. ½ cm dick ist. Wichtig dabei ist, dass sich der Teig noch gut von der Arbeitsfläche heben lässt. Daher auf der Arbeitsfläche nicht mit dem Mehl sparen! Falls der Teig auf der Arbeitsfläche kleben bleibt, einmal wenden und wieder Mehl darunter streuen.
Aus dem Teig 12–15 cm große Kreise ausstechen. Je 1–2 TL Rhabarberfülle in die Mitte der Kreise geben und die Tatschkerl zusammenklappen. Dabei die Ränder leicht zusammenpressen und darauf achten, dass keine Luft in den Tatschkerln bleibt. Durch die Ausdehnung bei Erwärmen platzen sie sonst auf.

FERTIGSTELLUNG

etwas Butter und Öl zum Anbraten
Staubzucker zum Bestreuen

In einer beschichteten Pfanne die Öl-Butter-Mischung erhitzen und die Erdäpfeltatschkerl auf jeder Seite ca. 4 Minuten anbraten, sodass eine goldbraune, knusprige Oberfläche entsteht.
Mit Staubzucker bestreuen und dem restlichen Rhabarberragout anrichten.

Tipps

Wenn Sie zu Hause keinen großen Keksausstecher haben, nehmen Sie einfach ein Glas in passender Größe.
Für die Füllung können Sie auch andere Obstsorten verwenden, z. B. Zwetschken, Äpfel, Birnen, Marillen. Werden Sie kreativ und versuchen Sie Ihre eigene Variante!

KÜRBIS >82
TOPINAMBUR >1
ZWIEBEL >132

KÜRBIS-TOPINAMBUR-CREMESUPPE

ZUTATEN

1–2 mittelgroße Zwiebeln
1 EL Butter
½ kleiner Hokkaidokürbis, z. B. „Uchiki Kuri", „Red Kuri", „Hokkaido Orange"
3–5 Stk. Topinambur
⅛ l Weißwein
¼ l Gemüsesuppe
Salz, Pfeffer
Muskatnussblüte
2–3 EL Sauerrahm
1 Stk. Topinambur
Radicchioblätter zum Garnieren

Die Zwiebel in grobe Würfel schneiden und in Butter farblos anschwitzen. Den ungeschälten Hokkaidokürbis in ca. 2 cm große Würfel schneiden.
Die Topinambure sehr gut waschen. Dabei darauf achten, dass sich in der meist sehr unförmig gewachsenen Topinamburknolle keine Erde versteckt. Ebenfalls in ca. 2 cm große Würfel schneiden.
Kürbis- und Topinamburwürfel zur Zwiebel geben und den Wein hinzufügen. Die Herdplatte auf die höchste Stufe schalten und unter ständigem Rühren warten, bis der Wein fast gänzlich einreduziert ist.
Mit der Gemüsesuppe aufgießen, mit Salz, Pfeffer und der Muskatnussblüte würzen. Auf kleiner Flamme ca. 20 Minuten köcheln lassen, bis das Gemüse gut weichgekocht ist.
Die Suppe in einem Mixbecher unter Zugabe des Sauerrahms pürieren.
Als Dekoration eignen sich einige rohe Topinamburlocken.
Hierzu die Topinambur der Länge nach halbieren und anschließend mit dem Sparschäler dünn schneiden. Diese Scheiben zu Locken drehen.
Abschließend mit kleingezupften Radicchioblättern garnieren.

Info

KÜRBIS *rühmt sich – botanisch betrachtet –, die größte und gewichtigste Beerenfrucht der Welt zu sein. Für Hausgarten und Gourmetküche gilt aber eher, dass die Größten nicht unbedingt die besten sind!*
Wir orientieren unsere Begehrlichkeit neben dem reizvollen Aussehen auf die feinen Aromen, die Konsistenz und Farbe ihres Fruchtfleisches und auf die Haltbarkeit. Die Vielfalt unserer heute verwendeten Arten und Sorten macht sie in der Küche zu wandlungsfähigen Alleskönnern. Ob roh oder sauer eingelegt, gedünstet oder geschmort, frittiert oder püriert, gebraten oder gegrillt, ob Suppe oder Marmelade – Kürbisse sind in der ganzen Bandbreite der Kochkunst einsetzbar. Wenn der Erntesegen allzu reichlich ausfällt und zudem noch gleichzeitig, braucht es zur Verarbeitung eine gehörige Portion Fantasie.

Kürbis-
Zwetschken-Püree
Püree von
blauen
Kartoffeln
Topinambur-
püree

KARTOFFELN >120
KÜRBIS >82
TOPINAMBUR >120

FEINE PÜREEVARIATIONEN

Kürbis-Zwetschken-Püree
Püree von blauen Kartoffeln
Topinamburpüree

KÜRBIS-ZWETSCHKEN-PÜREE

2 Zwiebeln
6 EL Butter
1 kleiner Hokkaido (ca. 1 kg)
⅛ l Milch
1 Handvoll Zwetschken
Salz, Pfeffer, Muskatnuss

KÜRBIS-ZWETSCHKEN-PÜREE: Die Zwiebeln und den ungeschälten Hokkaidokürbis in grobe Würfel schneiden und in der Butter auf mittlerer Hitze anschwitzen. Die Milch zugeben und zugedeckt ca. 20 Minuten köcheln lassen.
Die Zwetschken entkernen, halbieren und hinzufügen, weitere 8 Minuten kochen lassen. Mit Salz, Pfeffer und Muskatnuss würzen und mit dem Stabmixer fein pürieren.

PÜREE VON BLAUEN KARTOFFELN

2–3 Handvoll „Blaue Elise"
2–3 EL Butter
⅛ l Milch
Salz, Pfeffer
Muskatnuss

PÜREE VON BLAUEN KARTOFFELN: Die Kartoffeln schälen, vierteln und in leicht gesalzenem Wasser weich kochen. Kartoffeln abseihen und 1–2 Minuten ausdampfen lassen, durch die Kartoffelpresse in einen Topf drücken und die warme Butter zufügen. Nach und nach die Milch zugeben, dabei langsam erhitzen und mit einem Schneebesen gut durchrühren. Mit Salz, Pfeffer und Muskatnuss würzen.

TOPINAMBURPÜREE

2–3 Handvoll Topinambur
2 Zwiebeln
3 EL Butter
⅛ l Milch-Schlagobers-Mischung
Salz, Pfeffer

TOPINAMBURPÜREE: Die Topinamburknollen sehr gut waschen. Dabei darauf achten, dass sich in den meist sehr unförmig gewachsenen Knollen keine Erde versteckt. In grobe Würfel schneiden und mit den Zwiebeln und der Butter ohne Farbe anschwitzen.
Die Milch-Schlagobers-Mischung zugeben, salzen und zudeckt ca. 20 Minuten köcheln lassen, bis die Topinamburstücke weichgekocht sind. Mit dem Stabmixer fein pürieren, mit Salz und Pfeffer abschmecken.

Tipps

PÜREES EINFÄRBEN: *Pürees können z. B. mit dem Saft von Roten Rüben rot eingefärbt werden – einfach ein paar Stücke mitkochen. Mit ein paar Spinatblättern kann man sie grün, mit Karotten- oder Kürbisstücken orange einfärben.*
Probieren Sie einmal **TOPINAMBUR NACH ART EINES WIENER SCHNITZELS!** *Dazu fingerdicke Scheiben von einer Topinamburknolle schneiden, panieren und in Rapsöl goldbraun backen. Sie werden überrascht sein, wie gut so ein „vegetarisches Schnitzerl" schmeckt!*

KAROTTEN >12
PASTINAKE >12

KAROTTEN-PASTINAKEN-EIERKUCHEN

mit Microgreens

ZUTATEN

2 mittelgroße Karotten
1 mittelgroße Pastinake
etwas Butter zum Anbraten
4 Eier
⅛ l Milch , ⅛ l Schlagobers
1 kleine Handvoll Eschlauch (ersatzweise Schnittknoblauch oder Schnittlauch)
Rapsöl bzw. Butter zum Einfetten
Salz, Pfeffer
Microgreens (z.B. Erbsen, Puffbohnen, Kohlrabi, Brokkoli)

Die Karotten und die Pastinake schälen, in ca. 1 cm dicke Stücke schneiden und in Butter ohne Farbe ca. 5 Minuten anbraten. Sie sollten dabei auf keinen Fall schon weich werden, da sie noch mit den Eiern in den Ofen kommen! Beiseite stellen und auskühlen lassen.
Die ganzen Eier mit der Milch und dem Schlagobers verrühren, mit den nicht mehr heißen Karotten und Pastinaken mischen, klein geschnittenen Eschlauch zugeben und mit Salz und Pfeffer würzen.
In eine mit etwas Rapsöl bzw. Butter eingefettete feuerfeste Auflaufform geben und im vorgeheizten Rohr bei 165 °C ca. 12–15 Minuten backen. Um sicher zu gehen, dass die Eier auch durchgebacken sind, können Sie mit einem Messer in die Masse stechen. Wenn kein Teig am Messer haften bleibt, ist der Eierkuchen fertig.
Mit Microgreens garnieren und servieren.

Tipp

Dieser EIERKUCHEN *kann mit sämtlichen Gemüsesorten zubereitet werden: von Kartoffeln im Winter oder Spargel und Kohlrabi im Frühsommer, von Paprika und Chili im Hochsommer bis Rüben-Vielfalt im Herbst. Zu beachten ist einzig, dass das Gemüse zweimal gegart wird und deshalb im ersten Durchgang knackig bleiben soll! Auch* KALT *schmeckt dieser Eierkuchen hervorragend, z. B. mit getoastetem Weißbrot.*

Info

ESCHLAUCH *(Allium cepa var. ascalonicum) ist ein über Jahrhunderte in Weingärten kultivierter, mehrjähriger Lauch. Er galt schon als verschwunden, wurde aber um 1990 in den terrassierten Hängen des Neckartals zufällig wieder aufgefunden. Er kann nur durch Tochterzwiebelchen vermehrt werden, das macht ihn besonders kostbar.*
Eschlauch ähnelt der Schalottenzwiebel. Für die Küche erntet man die feinen, grünen Röhrchen, die wie übergroßer Schnittlauch aussehen. Er wächst nur in milden Lagen an kargen, sonnigen Stellen, treibt früh aus und wurde traditionell zu österlichen Speisen verwendet. Er kann im Winter auch im Topf auf der Fensterbank als Würzkraut gehalten werden.
Sehr ähnlich ist eine weitere ganz seltene, ebenfalls mehrjährige Lauch-Zwiebel, der JOHANNISLAUCH *(Allium x cornutum). Im späten Herbst und zeitigen Frühjahr nutzt man die Schlotten wie Schnittlauch, dann die ganze Pflanze wie Frühlingszwiebel und ausgereift als Sommerzwiebel (sie sind zum Johannistag, dem 24. Juni, erntereif). Weil er nur vegetativ vermehrt werden kann, ausreichend Bestand stehen lassen.*

RAUT >129
ASTINAKE >123
APRIKA >79

KARAMELLISIERTES ROTKRAUT AUF PASTINAKENPÜREE

mit Paprika-Rotkraut-Salsa

ZUTATEN

1 kleiner oder ½ Kopf Rotkraut oder Rotes Spitzkraut
2 EL Zucker
1 EL Butter

Das Rotkraut so in ca. 2–3 cm starke Stücke schneiden, dass jedes Stück noch ein wenig vom Strunk behält. Das hält die Krautblätter beim Zubereiten zusammen und bewirkt einen speziellen optischen Effekt!
Den Zucker in einer schweren Pfanne langsam erhitzen, bis er flüssig wird und eine braune Farbe bekommt.
Nun das Kraut vorsichtig in die Pfanne geben, nach zwei Minuten die Butter zugeben und mit Salz und Pfeffer würzen. Je nachdem, wie knackig Sie das Rotkraut gerne mögen, noch etwas weiterbraten oder zur Seite stellen und bis zum Anrichten warmhalten.

PASTINAKENPÜREE

3–5 Pastinaken
ca. ¼ l Gemüsesuppe
2 EL Butter
Salz, Pfeffer

Für das Püree die Pastinaken schälen und in mittelgroße Stücke schneiden. Mit Gemüsesuppe und Butter in einem zugedeckten Topf weichkochen.
Im Mixbecher oder mit dem Stabmixer fein pürieren. Mit Salz und Pfeffer abschmecken.

PAPRIKA-ROTKRAUT-SALSA

½ Kopf Rotkraut (oder Rotes Spitzkraut)
1–2 grüne Paprika
1 Zwiebel
6–8 EL Verjus
3 EL Walnussöl
Salz, Pfeffer, Zucker

Einen halben kleinen Kopf Rotkraut (oder Spitzkraut), Paprika und eine Zwiebel in sehr kleine Würfel schneiden. Mit Verjus, Walnussöl, Salz, Pfeffer und Zucker abschmecken.
Das Kraut nicht – wie bei der Sauerkrautherstellung – kneten. Es ist ohnehin sehr fein in der Konsistenz, und die Zwiebelwürfel würden durch das Kneten bitter werden!

Tipps

Wenn Ihnen die süß schmeckenden Pastinaken zu intensiv sind, einfach einen Teil durch die „neutraleren" Kartoffeln ersetzen!
Natürlich können Sie statt Rotkraut auch Weißkraut nehmen. In diesem Fall würde ich das frühreife SPITZKRAUT *empfehlen. Es ist süßer und feiner als die runden Krauthäuptel.*

PASTINAKE >12
ZWIEBEL >132

PASTINAKENCREMESUPPE

ZUTATEN

2–3 mittelgroße Pastinaken
1 mittelgroße Zwiebel
1–2 Schluck Weißwein
¼ l Gemüsesuppe
⅛ l Milch bzw. Schlagobers
2 EL Sauerrahm
Salz, Pfeffer
Butter bzw. Öl

Die Pastinaken und die Zwiebel schälen, in ca. 2 cm große Stücke schneiden und in Butter oder Öl ohne Farbe anrösten. Mit dem Weißwein ablöschen und warten, bis die Flüssigkeit einreduziert ist.
Die Gemüsesuppe und die Milch bzw. das Schlagobers zugeben und ca. 20 Minuten auf kleiner Flamme köcheln lassen, bis die Pastinaken weich sind.
Die Suppe mit einem Stabmixer pürieren und den Sauerrahm zugeben. Anschließend nicht mehr stark erhitzen, damit der Sauerrahm nicht ausflockt.

Tipp

Da Pastinaken sehr süß sind, die Suppe mit etwas einreduziertem **BALSAMICO-ESSIG** *beträufeln. Die Säure harmoniert ausgezeichnet mit der süßen Pastinake!*
Dafür in einem Topf etwas Balsamico-Essig einkochen, bis er eine sirupartige Konsistenz hat. Diese Essenz kann man sehr gut auf Vorrat machen. Sie passt auch ausgezeichnet zu Frischkäse und kalten Vorspeisen.

Info

Neben Petersilie eignen sich auch junge **PASTINAKENBLÄTTER** *als Würz-Dekoration. Sie überdauern Fröste und können im Garten jederzeit frisch geerntet werden. Im Keller eingelagerte Wurzeln bilden oftmals junge Triebe – diesen zarten Genuss bitte nicht in den Kompost, sondern in die Suppe geben!*

ARTOFFELN >120
NOBLAUCH >132
ALMKOHL >129
ASTINAKEN >123
WIEBEL >132

WINTERLICHES WURZELGEMÜSERAGOUT

mit Palmkohlchips

ZUTATEN

1–2 Zwiebeln
3 Knoblauchzehen
4 EL Rapsöl
2 (Süß-)Kartoffeln
1 Zweig Rosmarin
ca. ⅓ l Gemüsesuppe
1 Karotte
1 Pastinake
1 kleiner Moschuskürbis
3 EL Sauerrahm

Die Zwiebeln und den Knoblauch in ca. 0,5–1 cm große Stücke schneiden und in 2 EL Rapsöl in einem mittelgroßen Topf ohne Farbe ca. 15 Minuten anschwitzen.
Die in etwa 1–2 cm große Würfel geschnittenen Kartoffeln und den Rosmarin zugeben, mit der Gemüsesuppe aufgießen und ca. 8 Minuten kochen lassen. Die Kartoffeln dürfen noch nicht weichgekocht sein, da jetzt erst das andere Gemüse dazukommt!
Die Karotte, die Pastinake und den Kürbis ebenfalls in 1–2 cm große Stücke schneiden – die Schnittform spielt keine Rolle – und in den Topf geben. Wichtig ist nur, dass die Gemüsestücke ungefähr gleich groß geschnitten sind, damit alles zeitgleich weichgekocht ist.
Wenn das Gemüse und die Kartoffeln weich sind, den Topf von der Herdplatte nehmen und den Sauerrahm einrühren, damit die Sauce sämig wird.

PALMKOHLCHIPS

5–10 Palmkohlblätter
Rapsöl

Die Palmkohlblätter mit Rapsöl bestreichen und auf einem Backpapier im Backrohr bei ca. 85 °C Ober-/Unterhitze trocknen. Je nach Größe kann dies einige Stunden dauern, bis die Blätter knusprig sind.
Am besten bereiten Sie die Chips am Vortag zu und bewahren sie an einem trockenen und nicht zu kalten Ort auf (Minimum Raumtemperatur).

Tipps

Selbstverständlich können Sie dieses Gericht auch mit FLEISCH *zubereiten. Dazu das jeweilige Fleisch in 3–4 cm große Würfel schneiden und kurz mit den Zwiebeln mitrösten, mit Suppe aufgießen und so lange kochen, bis das Fleisch weich ist. Das Fleisch aus der Flüssigkeit nehmen und beiseitestellen. Wie oben beschrieben fortsetzen und am Schluss das Fleisch wieder zugeben.*

MAIRÜBEN >12
ERBSEN >87
KAROTTEN >12

MAIRÜBCHEN

mit Zuckererbsen, Karottengrün und frischem Kren

ZUTATEN

2–3 mittelgroße Mairübchen
1 EL Butter zum Anbraten
1 Handvoll Zuckererbsenschoten
1 kleine Krenwurzel, frisch gerissen
Karottengrün von 2–3 jungen Karotten
Radieschensprossen
1–2 Radieschen zum Garnieren

Die Mairübchen mit einem Sparschäler schälen und in ca. 1 cm breite Spalten schneiden. In einer Pfanne die Butter erhitzen und die Mairübchen dazugeben.
Die Zuckererbsenschoten von den Enden befreien, einmal diagonal halbieren und ebenfalls in die Pfanne geben und bei mittlerer Hitze braten. Nach 5–8 Minuten den gerissenen Kren und das klein geschnittene Karottengrün zugeben, durchmischen und von der Herdplatte nehmen. Auf den Tellern anrichten und mit klein geschnittenen oder geraffelten Radieschen sowie den Radieschensprossen garnieren.
Wem die rohen Sprossen und Radieschen zu scharf sind, gibt diese gemeinsam mit dem Karottengrün und dem Kren in die Pfanne!

Tipps

Die Dosierung von **KREN** *kann ziemlich schwierig sein, da seine Schärfe und Intensität sehr stark variieren. Beide Eigenschaften sind von der Bodengüte und der Jahreszeit abhängig. Ist der Kren für Ihren Gaumen zu scharf, rösten Sie ihn länger in der Pfanne mit. Dadurch wird er etwas milder.*
Milde Krenschärfe kann auch über Würzkräuter erzielt werden, z. B. mit Wasabi- oder Senfrauke, auch Asia-Salate sind dafür geeignet. Diesen **GRÜNEN KRENERSATZ** *nur untermischen, nicht mitkochen.*
Dieses Gericht lebt vom Zusammenspiel der süßen Schoten mit den scharfen Noten.

Info

Der **MEERRETTICH** *oder* **KREN** *(Armoracia rusticana), eine schon in der Antike für ihre verdauungsfördernde Wirkung bekannte scharfe Würzpflanze, ist nach wie vor sehr beliebt. Sie braucht im Garten einiges an Platz, am besten eine ungestörte Ecke. Will man, dass ihre Wurzeln statt allzu lang und dünn eher kurz und dicker werden, legt man ihr beim Pflanzen in gewünschter Tiefe eine große Steinplatte in den Weg. Ebenso nutzen nährstoffreiche Erde sowie ausgiebige Wasser- und Düngergaben, um zu stattlicher Größe heranwachsen zu können. Auch die weißen Blütenstände sind als aromatischer Aufputz willkommen. Der junge, zarte Blattaustrieb im Frühjahr ist ein angenehm scharfes Würzkraut.*

ROTE RÜBEN >124
ZWIEBEL >132

WALDVIERTLER RÜBENRISOTTO VOM EMMER

ZUTATEN

2 Stk. tiefdunkle Rote Rüben (z. B. die süß-aromatische Lokalsorte „Bernstein")
1 mittelgroße rote oder gelbe Zwiebel
1–2 EL Butter
⅛ l Weiß- oder Rotwein
4–5 EL Emmerreis
*¾ l Gemüsesuppe**
1–2 EL Sauerrahm
2 EL fein geriebener Hartkäse
Salz und Pfeffer zum Abschmecken
**Die Gemüsesuppe kann durch eine Mischung aus Milch und Wasser (1:1) ersetzt werden.*

Die Roten Rüben und die Zwiebel schälen und kleinwürfelig schneiden. Zuerst die Zwiebel in 1 EL Butter in einem flachen Topf kurz anschwitzen. Die Roten Rüben und den Emmerreis dazugeben, mit dem Wein ablöschen und warten, bis die Flüssigkeit einreduziert ist. Mit einem Teil der Gemüsesuppe aufgießen. 5-10 Minuten auf kleiner Flamme köcheln lassen.
Unter ständigem Rühren und Beigabe weiterer Gemüsesuppe den Reis fertig garen. Sobald der Reis weich ist (er sollte noch „al dente" sein), den Topf von der Herdplatte nehmen und den Sauerrahm, die restliche Butter und den fein geriebenen Hartkäse einrühren. Mit Salz und Pfeffer abschmecken und auf einem tiefen Teller anrichten.
Als Dekoration von einer rohen oder gekochten Roten Rübe mit einem Sparschäler dünne Scheiben abschneiden und rund um das Risotto legen und/oder mit essbaren Blüten in einer von Ihnen bevorzugten Farbkombination bestreuen.

Tipps

Wenn Sie den tiefroten Farbton der **ROTEN RÜBEN** *beibehalten wollen, keinen Sauerrahm dazugeben. Mehr Butter hingegen betont die Süße der Roten Rüben und mildert den erdig-herben Touch.*
Die inneren Blätter der Roten Rüben sind sehr zart. Sie können wie der aufs Engste verwandte Mangold als Blattgemüse verwendet werden. Gegen Ende der Garzeit eingerührt, geben sie dem Risotto zusätzlich Pfiff.
GLUTEN-ALLERGIKER *können den Emmerreis durch die doppelte Menge Kartoffeln oder Süßkartoffeln ersetzen. Wenn Sie die Kohlenhydrate möglichst reduzieren wollen, kochen Sie das Gericht einfach nur mit Rüben. Dann je nach Rübengröße 1 bis 2 Stück mehr verwenden.*

BRONZE-
FENCHEL >38
KRAUT >129
ROTE RÜBEN >1

WALDSTAUDEKORN-RÖSTI MIT BRONZEFENCHEL

auf fermentierter Rüben-Vielfalt

ZUTATEN

5–6 EL Waldstaudekorn
2 Eier
2 Handvoll Bäckerbrösel
1–2 EL Frischkäse oder Topfen
1 Handvoll Bronzefenchel
2–3 EL Rapsöl
Salz, Pfeffer

Das Waldstaudekorn in Salzwasser weichkochen, abseihen und auskühlen lassen.

Mit Eiern, Bäckerbröseln, Frischkäse und klein geschnittenem Bronzefenchelkraut vermischen, mit Salz und Pfeffer würzen und 15–20 Minuten rasten lassen.

Aus der Waldstaudekornmasse 6–8 cm große Rösti formen und in einer Pfanne im Rapsöl auf beiden Seiten goldbraun braten.

FERMENTIERTE RÜBEN-VIELFALT

½ kg Kraut
½ kg Rote Rüben
5–10 g Salz
1 TL Kümmel
5 Wacholderbeeren
1 EL Joghurt

Die fermentierte Rüben-Vielfalt nach dem Rezept auf Seite 183 zubereiten.

Am Teller drei „Sockel" mit den fermentierten Rüben anrichten, darauf die Waldstaudekorn-Rösti setzen und diese mit je 1 TL Rüben garnieren. Als grüne Dekoration eignen sich sukkulente Kräuter wie Portulak oder Eiskraut.

Tipps

Diese Rösti schmecken auch kalt, z. B. mit einem Sauerrahm-Dip, köstlich – ein idealer **SNACK** *oder auch eine kräftigende Jause für zwischendurch.*

RISOTTO-RÖSTI: *Sie haben ein Risotto zubereitet und noch ein paar Löffel übrig? Zu viel zum Wegwerfen, zu wenig zum Noch-einmal-Sattwerden. Geben Sie Eier und Brösel hinzu und machen Sie daraus – wie oben beschrieben – knusprige Rösti für den nächsten Tag.*

HEPP PREMIUM

RADICCHIO
>128
ZWIEBEL >132

EMMERRISOTTO MIT RADICCHIO TARDIVO

ZUTATEN

1 mittelgroße Zwiebel
1 EL Butter
4–5 EL Emmerreis
⅛ l Weißwein
ca. ¾ l Gemüsesuppe
1 EL Kristallzucker
2–3 Stk. gebleichte „Pfeifen“ des Radicchio Tardivo
1–2 EL Sauerrahm
1 EL Butter
1 Jungzwiebel
2 EL Hartkäse, gerieben

Die in kleine Würfel geschnittene Zwiebel in Butter ohne Farbe anbraten, nach ca. 5 Minuten den Emmerreis zugeben und sofort mit dem Weißwein ablöschen. Sobald der Weißwein einreduziert ist – also keine Flüssigkeit mehr im Topf ist –, mit der Hälfte der Gemüsesuppe aufgießen und ca. 8–12 Minuten auf kleiner Flamme köcheln lassen, gegebenenfalls noch Gemüsesuppe zugeben.
Eine Pfanne erhitzen und den Kristallzucker ohne Fett möglichst gut am Pfannenboden verteilen. Sobald der Zucker karamellisiert, den klein geschnittenen Radicchio zugeben und mehrmals durchmischen.
Den karamellisierten Radicchio, 1 EL Sauerrahm und die Butter zum Emmerreis geben und ständig rühren. Sobald der Reis gar ist, von der heißen Herdplatte nehmen – Sie entscheiden, wie bissfest er bleiben soll, indem Sie ab und zu ein paar Körner verkosten.
Zum Abschluss den klein geschnittenen Jungzwiebel und den geriebenen Hartkäse einrühren, mit Salz abschmecken, in tiefen Tellern anrichten und mit Jungzwiebel und Sauerrahm dekorieren.

Tipps

Als Garnitur zum fertigen Risotto einen halbierten, bei großer Hitze beidseitig ca. 2–3 Minuten gegrillten **RADICCHIO TARDIVO** *anrichten – nicht nur für die Augen ein Genuss! Zum Grillen geeignet sind nur die dickfleischigen Rippen des Radicchio Tardivo. Die runden Kopfradicchio haben zu dünne „Rippen“ und würden dabei verbrennen. Für das Risotto selbst können Sie natürlich auch einen klassischen Kopf-Radicchio verwenden. Diesen nicht karamellisieren, sondern feinnudelig geschnitten erst knapp vor Garende zugeben, denn er ist sehr zartblättrig und sofort gar.*
Ist Ihnen Radicchio zu **BITTER**, *kann ein Raritätenrisotto auch mit Malabar- oder Surinamspinat zubereitet werden. Die beiden Spinatarten roh und erst kurz vor dem Anrichten in das Risotto mischen. Durch das Karamellisieren und anschließende Mitschmoren würden die Blätter sonst zerkochen.*

Info

Radicchio „Rosso di Treviso Tardivo“, liebevoll kurz **„TARDIVO“** *genannt, ist eine besondere Spezialität aus Treviso, der Hauptstadt der italienischen Provinz Venetien. Er wird wie Chicorée im Dunklen aus den ausgegrabenen Wurzeln getrieben und ist als zartbitteres Wintergemüse eine rare Delikatesse (siehe Seite 144).*

HAUSGEMACHT

Gutes für die Vorratskammer

Die über die Jahrhunderte perfektionierte Küchenkunst der Konservierung ist mehr als einfach nur Haltbarmachen. Sie bringt auch eine aufregende Vielfalt an neuen Geschmackswelten hervor. Bevor unsere wunderbare, königlich-reiche Gartensaison zu Ende geht, füllen wir daher gerne unsere Vorratsgläser. So kann man auch allfällige Ernteüberschüsse sinnvoll verwerten und hat jederzeit hausgemachte Zutaten für die schnelle Gartenküche zur Hand!

BASILIKUM >5
ERDBEEREN >6
KRÄUTER >16

Die Vielfalt des Gartens im Glas

SIRUPE

Basilikum-Sirup
Lavendel-Sirup
Kardamom-Kaffee-Sirup
Erdbeer-Melissen-Saft

BASILIKUM-SIRUP

Grundzept Sirup, weiters
80–100 g Basilikum

BASILIKUM-SIRUP: Fügen Sie dem Sirup-Grundrezept ca. 80–100 g Basilikum zu und lassen Sie diesen Sirup 2–3 Tage im Kühlschrank stehen. Dann kochen Sie ihn einmal auf, filtrieren ihn durch ein Sieb, füllen ihn in saubere Flaschen und sterilisieren diese wie auf Seite 92 beschrieben. Nutzen Sie für dieses Rezept die verschiedenen Aromen von Basilikum: Eine äußerst würzige Sorte ist „Zanzibar", auch das „Heilige Basilikum" oder „Tulsi" gibt im Sirup besonderen Geschmack, ebenso wie alle Noten von Zimt bis Zitrone bei den sogenannten Thai-Basilikum-Sorten.

LAVENDEL-SIRUP

weiters 125 g Lavendelblüten

LAVENDEL-SIRUP: Fügen Sie dem Sirup-Grundrezept 125 g Lavendelblüten zu und lassen Sie diesen Sirup einen Tag an einem kühlen Ort (Kellertemperatur) stehen. Anschließend filtriern, in saubere Flaschen abfüllen und sterilisieren.

ERDBEER-MELISSEN-SAFT

½ kg Erdbeeren
1 kg Zucker
1 l Wasser
ca. 100 g Zitronenmelisse

ERDBEER-MELISSEN-SAFT: Kochen Sie die geviertelten, saftigen Erdbeeren mit dem Zucker, dem Wasser und ca. 100 g Zitronenmelisse 5 Minuten lang. Lassen Sie den Topf einen Tag lang kühl (Kellertemperatur) stehen. Danach die Beeren-Melissen-Mischung mit einem Stabmixer pürieren und durch ein feines Sieb abseihen. Den Saft in saubere Flaschen abfüllen und sterilisieren.

KARDAMOM-KAFFEE-SIRUP

15 Kapseln Kardamom
4 doppelte Espressi

KARDAMOM-KAFFEE-SIRUP *(ohne Abbildung):* Fügen Sie dem Sirup-Grundrezept die im Mörser zerquetschten Kardamom-Kapseln und die Espressi zu. Kochen Sie den Sirup einmal auf und lassen ihn rund 3 Stunden lang ziehen. Anschließend durch ein feines Sieb seihen, in saubere Flaschen abfüllen und sterilisieren.

GRUNDREZEPT SIRUP

1 kg Kristallzucker
1 l Wasser
⅛ l Verjus oder
1 TL Zitronensäure

Kristallzucker und Zitronensäure mit dem Wasser und dem Verjus verrühren und leicht erwärmen, bis sich der Zucker aufgelöst hat.

Lavendel-Sirup
Erdbeer-Melissen-Saft
Basilikum-Sirup

WEICHSEL-VERJUS-LIMONADE

ZUTATEN FÜR CA. 3/4 LITER LIMONADE

1 kg Weichseln
¼ kg Zucker
5–10 EL Verjus

Sterilisierte, verschließbare Flaschen

Die Weichseln mit dem Zucker vermischen, Verjus zugeben und im Einkochautomat bzw. Dampfentsafter entsaften.
Alternativ die Weichseln mit dem Zucker und dem Verjus 30 Minuten kochen und durch ein feines Sieb gießen. Dabei mit einem Löffel möglichst die ganze Flüssigkeit durch das Sieb drücken.
Die Flaschen samt Verschlüssen mit kochendem Wasser ausspülen (sterilisieren). Die fertige Limonade heiß und randvoll in Flaschen füllen und verschließen.
Eingekochte Fruchtsäfte lassen sich wie Marmelade kühl und dunkel lagern.

Tipps

Auch andere saftige Früchte wie Himbeeren oder Ribiseln können auf diese Weise zu Limonade verarbeitet werden.
Besonders aromatisch sind **ALTE WEICHSELSORTEN** *wie „Koch's verbesserte Ostheimer Weichsel", „Köröser Weichsel" (auch „Ungarische Weichsel") oder „Spanische Glaskirsche", eine Mischung aus Sauer- und Süßkirsche*

Info

Mit der **ARCHE NOAH OBSTBAUMPATENSCHAFT** *können Sie auch ohne Garten einen eigenen Obstbaum nutzen! Seit über 20 Jahren forscht ARCHE NOAH nach seltenen und gefährdeten Obstsorten in Österreich. Jahr für Jahr werden lokale Sorten – meist sehr alte Bäume –, die vom Aussterben bedroht sind, aufgespürt. Um sie zu retten, werden diese extrem seltenen Sorten veredelt und ausgepflanzt.*
Dazu braucht es Patenschaften. Mit einem jährlichen Beitrag unterstützen Sie das Auffinden und Absichern einer gefährdeten Obstsorte sowie die Auspflanzung und dauerhafte Pflege eines jungen Baumes einer seltenen Sorte auf einer der ARCHE-NOAH-Erhaltungswiesen. Das Besondere: Sie können Ihren Baum jederzeit besuchen! Ihren Namen finden Sie dann am Sortenschild des Baumes – und als Pate dürfen Sie von Ihrem Baum auch naschen!

RHABARBER >7
PASTINAKEN >1
PAPRIKA >79
KÜRBIS >82
ZWIEBELN >132

Ideal für den Fall, dass die Ernte allzu überreich ausfällt!

CHUTNEYS

Rhabarber-Pastinaken-Chutney mit Eiskraut
Apfel-Paprika-Chili-Chutney
Zapallito-Chutney

RHABARBER-PASTINAKEN-CHUTNEY

3 Zwiebeln, 5 EL Rapsöl
3–5 mittelgroße Pastinaken
3–5 mittelgroße Stangen Rhabarber
3 Handvoll Eiskraut (ersatzweise Portulak)
3–5 EL Verjus
3 EL Honig, Salz, Pfeffer

RHABARBER-PASTINAKEN-CHUTNEY MIT EISKRAUT: Die klein geschnittenen Zwiebelwürfel im Rapsöl farblos 8–10 Minuten anrösten. Die geschälten und in ca. ½ cm große Würfel geschnittenen Pastinaken zugeben. Den Rhabarber schälen und in 0,5 cm breite Scheiben schneiden und nach etwa 6–8 Minuten hinzufügen.
Das Eiskraut bzw. den Portulak waschen, grob schneiden und gemeinsam mit dem Verjus und dem Honig zum Chutney geben. Mit Salz und Pfeffer würzen und weitere 5 Minuten unter ständigem Rühren köcheln lassen. In saubere Gläser abfüllen und sterilisieren. Ergibt 3–5 Gläser.

APFEL-PAPRIKA-CHILI-CHUTNEY

3 Zwiebeln, 5 EL Rapsöl
3 dickfleischige Gemüsepaprika, rot und/oder gelb
3 mittelgroße Sommeräpfel
1–3 Chilischoten
6–8 EL Verjus, 1–2 EL Zucker, Salz

APFEL-PAPRIKA-CHILI-CHUTNEY: Die klein geschnittenen Zwiebeln im Rapsöl farblos 8–10 Minuten anrösten. Die in ca. 0,5 cm große Würfel geschnittenen Paprika sowie die Apfelstücke dazugeben.
Chili klein schneiden – je nach gewünschter Schärfe z. B. „Habanero" (sehr scharf), „Jalapeno" (mittelscharf), „Fisch-Pepper" (mittelscharf), „Sigaretta" (mild). Verjus und Zucker zum Chutney geben, mit Salz und Pfeffer würzen und weitere 15 Minuten unter ständigem Rühren köcheln lassen. In saubere Gläser abfüllen und sterilisieren. Ergibt 3–4 Gläser.

ZAPALLITO-CHUTNEY

5 Zwiebeln
1 mittelgroßer „Zapallito"
10 EL Rapsöl
4 EL Zucker
15–20 EL Verjus
10 EL Zucker, Salz, Pfeffer

ZAPALLITO-CHUTNEY: Die Zwiebeln und den Kürbis (bei noch nicht zu reifen Exemplaren erübrigt sich das Schälen) in ca. 0,5 cm große Würfel schneiden. Die Hälfte der Zwiebel- und Kürbisstücke in einem großen Topf mit dem Rapsöl rund 45 Minuten auf mittlerer Stufe schmoren lassen. Dabei „zerkochen" Zwiebel und Kürbis zu einer Art Brei.
Die restliche Zwiebel-Kürbis-Mischung, Zucker und Verjus hinzufügen, mit Salz und Pfeffer würzen und weitere 15–20 Minuten schmoren.
In die vorbereiteten Gläser füllen und sterilisieren. Ergibt 6–10 Gläser.

Tipps

Das Charakteristikum der frühreifen SOMMERÄPFEL *(Frühäpfel wie „Weißer Klarapfel", „Pfirsichroter Sommerapfel" oder die etwas später reifenden „James Grieve" und „Gravensteiner") ist ihre begrenzte Haltbarkeit. Da lohnen sich alle Formen des Einkochens – als schlichtes Apfelmus oder eben als tragende Basis für Chutneys.*
SOMMERKÜRBISSE *sind wie Zucchini ebenso nur begrenzt haltbar. Sie sind prädestiniert für süß-saure Kompotte, fruchtige Marmeladen oder pikante Chutneys.*

Zapallito-Chutney
Rhabarber-Pastinaken-Chutney mit Eiskraut
Apfel-Paprika-Chili-Chutney

KÜRBIS >82
VERJUS >100

EINFACHE KÜRBISMARMELADE

ZUTATEN FÜR 5–6 GLÄSER

1 kg festes Kürbisfruchtfleisch (z. B. Hokkaido- oder Moschuskürbisse)
1 Spritzer Verjus oder Saft einer Zitrone
½ kg Gelierzucker (oder Rohzucker bzw. Honig, Agar-Agar bzw. Pektin)

Rezeptfoto auf Seite 170

Kürbis je nach Sorte mit (z. B. Hokkaido) oder ohne Schale (z. B. Moschuskürbisse) aufschneiden, von den Kernen befreien und zerkleinern. Mit dem Gelierzucker vermischen und einige Zeit ziehen lassen, damit sich etwas Wasser absetzt.
Ansonsten etwas Wasser (bodendeckend) zugeben und langsam erhitzen. Unter ständigem Rühren aufkochen, bis das Fruchtfleisch zerfällt. Mit dem Mixstab pürieren, Gelierprobe machen und so heiß wie möglich in Gläser abfüllen.

EINKOCHEN MIT AGAR-AGAR ODER PEKTIN

Bei dieser Zubereitung wird zuerst nur das Fruchtfleisch (ohne Einzuckern!) weichgekocht. Dazu ist die Zugabe von Flüssigkeit erforderlich. Tipp: Statt Wasser Apfelsaft verwenden (für 1 kg Fruchtfleisch etwa ¼ Liter). Damit erhält das Kürbisfleisch gleichzeitig fruchtiges Aroma sowie natürliche Süße.
Erst nach dem Pürieren wird die Fruchtmasse nach individueller Vorliebe weiter gesüßt und abgewogen. Das Fruchtgewicht zu bestimmen ist wichtig für die Dosierung des Geliermittels. Pektin oder Agar-Agar nach Packungshinweis vorher auflösen und Menge so dosieren, dass je nach Wunsch entweder stichfeste Marmelade oder cremigeres Mus entsteht. Gelierhilfe einrühren und noch ein paar Minuten unter Rühren sprudelnd aufkochen. Dann die Fruchtmasse zügig abfüllen und Gläser sofort verschließen.

Tipps

Dieses einfache Rezept kann durch Beigabe von Früchten variiert werden. Marillen oder saftige Äpfel harmonieren sehr gut mit Kürbis. Auch Gewürze oder Kräuter sind aromatisierende Zugaben, die zu eigenen Kreationen verführen!
Gläser bleiben STERIL, *wenn sie unmittelbar nach dem Abkochen befüllt werden. Das geht am einfachsten, indem man sie einzeln mit einer Spaghettizange aus dem kochenden Wasser fischt. Mit dieser sauberen Vorgangsweise ist anschließendes Sterilisieren überflüssig. Je kürzer der Kochvorgang, desto schonender ist er für hitzeempfindliche Zutaten wie Früchte oder Honig.*

ENGELSHAARMARMELADE

Zuerst den Feigenblattkürbis aufschneiden (das ist eine kleine Herausforderung, denn seine lange Haltbarkeit bedingt eine harte Schale) und die Kerne entfernen. Schälen oder das Fruchtfleisch aus den Hälften herausschaben und in kleine Würfel schneiden.
Der Eigengeschmack des Feigenblattkürbisses ist sehr fein und unvergleichlich. Wer sich die Weihnachtszeit noch extra versüßen will, kann auch winterliche Gewürze dazugeben.
Dann das Fruchtfleisch im eigenen Saft (es ist sehr wässrig) etwa eine Stunde köcheln, bis es zerfällt und sich mit einer Gabel locker zerpflücken lässt. Die Gewürze herausnehmen.
Fruchtmasse abwägen und im Verhältnis 1:2 oder auch weniger – je nach persönlicher Vorliebe – Gelierzucker dazugeben und nochmals etwa eine Viertelstunde unter Rühren kochen. Vor dem Abfüllen Gelierprobe machen.

ZUTATEN FÜR 5–6 GLÄSER

1 kg gewürfelter Feigenblattkürbis
Wintergewürze wie
1–2 Zimtstangen
1 Sternanis
1 Vanilleschote
½ kg Gelierzucker (oder Rohzucker bzw. Honig, Agar-Agar oder Pektin)

Tipp

Wenn man mit normalem Zucker oder anderen Süßungsmitteln arbeitet, kann man die Gelierhilfe am besten dosieren, da sie extra zugegeben wird. Die Menge bestimmt die Festigkeit der Marmelade. Will man anstelle von stichfester Marmelade **MUS** *zubereiten, reduziert man einfach das Geliermittel.*
Seine natürliche Süße und die feinfaserige Struktur des weißen (!) Fruchtfleisches prädestinieren den Feigenblattkürbis geradezu zum Einkochen. Das Ergebnis firmiert unter dem Namen „Engelshaarmarmelade".

Info

Die **HALTBARKEIT VON MARMELADE** *hängt weniger von der Zuckermenge ab, sondern vor allem von einwandfreien Früchten, sauberem Arbeiten, raschem Abfüllen der heißen Masse und sofortigem Verschließen der sterilen Gläser. Wer auf Nummer sicher gehen will, kann die fertigen Gläser noch zusätzlich im Rohr oder Dampfgarer sterilisieren.*

Köstlicher Vorrat für den Winter!

FERMENTIEREN

Sauerkraut, selbst fermentiert
Rüben-Vielfalt, selbst fermentiert

FERMENTIEREN – DIE GRUNDREGELN

1. Absolute Sauberkeit;
2. Das Gemüse muss in absolut einwandfreiem Zustand sein. Angeschlagene bzw. braune Stellen großzügig entfernen;
3. Mit einem im Handel für kleine Haushalte erhältlichen Gärtopf arbeiten oder auch mit einem Gurkenglas.

SAUERKRAUT FÜR 3–4 GLÄSER

1 kg Weißkraut
5–10 g Salz
1 TL ganzer Kümmel
5 Wacholderbeeren
1 EL Joghurt

SAUERKRAUT, SELBST FERMENTIERT: Vom Weißkraut 3–5 ganze Blätter abschälen und zur Seite legen. Diese werden später benötigt.
Das Kraut mit dem Gurken- oder Krauthobel fein hobeln. Vorsichtig salzen – später noch etwas zugeben ist leichter, als wieder wegnehmen – und mit den würzenden Zutaten vermengen.
Mit der Hand gut kneten oder mit einem Schlögel stampfen, bis „genug" Saft entsteht. Das bedeutet, dass nach dem Beschweren der Krautmasse diese mit Saft überdeckt ist.
Nun einen Esslöffel Joghurt zugeben, um den Gärprozess zu starten. Das Kraut in einen Gärtopf geben, fest zusammendrücken, mit den ganzen Krautblättern zudecken und den Beschwerungsstein auflegen. Die Wasserrinne des Gärtopfes mit Wasser befüllen und den Deckel aufsetzen.
Der einsetzende Gärprozess macht sich durch leises „Blubbern" bemerkbar. Etwa eine Woche bei Zimmertemperatur stehen lassen. Dabei einmal pro Tag öffnen und den Schaum, der sich gebildet hat, abschöpfen. Die Wasserrinne falls notwendig wieder auffüllen.
Ab jetzt bei ca. 8–10 °C 4–8 Wochen lagern. Jeden zweiten Tag öffnen und Schaum abschöpfen. Nach vier Wochen eine Kostprobe nehmen. Wie sauer das Kraut werden soll, ist Geschmackssache. Je länger es gärt, desto saurer wird es!
Ist das Kraut zu sauer geworden, kann dies durch Zugabe von frischem Kraut kompensiert werden. Ist es zu wenig sauer, den Gärprozess fortsetzen. Zum Beenden der Gärung das Sauerkraut in saubere Gläser füllen, sterilisieren und im kühlen Keller oder im Kühlschrank aufbewahren.
RÜBEN-VIELFALT, SELBST FERMENTIERT: Ersetzen Sie die Hälfte des Krauts durch farbstarke Rote Rüben, z. B. „Bulls Blood" (auch als „Ochsenblut" bekannt) oder „Bernstein", und gehen Sie wie beim Sauerkraut vor!

BEZUGSQUELLEN

für samenfestes Saatgut und Bio-Jungpflanzen

Die Arbeit von ARCHE NOAH steht nicht mehr alleine da. In Österreich leistet die von Reinhild Frech-Emmelmann gegründete Erwerbsgemeinschaft REINSAAT seit über zwei Jahrzehnten Pionierarbeit für robustes, samenfestes Biosaatgut samt Verbesserung alter und Züchtung neuer Sorten. Die Vermehrung wird in Kooperation mit kleinlandwirtschaftlichen Betrieben in unterschiedlichen Regionen umgesetzt. Saatgut ist direkt unter www.reinsaat.co.at oder über den Fachhandel erhältlich. Peter Lassnig entwickelt am Gärtnerhof Ochsenherz im Marchfeld alte Sorten weiter und verschickt in Kleinmengen per Post (www.ochsenherz.at/saatgut). Auch aus dem Permakulturgarten von Marlies Ortner in der Steiermark (www.therapiegarten.at) kann man Saatgut und Jungpflanzen beziehen. Heimische Firmen, die u. a. auch lokale Sorten anbieten, sind AUSTROSAAT mit eigener Züchtung (www.austrosaat.at) und der Handelsbetrieb Samen Maier (www.samen-maier.at). Dank enger Kooperation mit dem Handel ist ARCHE NOAH-Saatgut in den Märkten von Spar erhältlich.
Das umfangreichste Jungpflanzenangebot mit von ARCHE NOAH gepflegten Sorten bietet zudem Bellaflora.
Viel Information sowie Versand von Biosaatgut im deutschsprachigen Raum bieten die von Demeter-Betrieben gegründete Bingenheimer Saatgut AG (www.bingenheimersaatgut.de), die bäuerliche Gemeinschaft Dreschflegel (www.dreschflegel-saatgut.de) und der Verein zur Erhaltung und Rekultivierung von Nutzpflanzen (www.vern.de) sowie der Verein zur Erhaltung der Nutzpflanzenvielfalt (www.nutzpflanzenvielfalt.de). Pflanzenschätze aus der Samenbibliothek der Schweizer Stiftung ProSpecieRara sind für Mitglieder gratis, ein Teil über die biodynamische Saatgutfirma Sativa Rheinau (www.sativa-rheinau.ch) erhältlich.
Spezielle Kräutervielfalt und „exotischere" Gemüsesorten werden seit Jahrzehnten mit großer Leidenschaft von Johannes Wagner (www.gartenbauwagner.at) in der Steiermark sowie Daniel Rühlemann in Norddeutschland (www.kraeuter-und-duftpflanzen.de) aufgespürt, in ihren Gärtnereien getestet und vermehrt und sind von dort als Saatgut und Jungpflanzen erhältlich.
Weitere Bezugsquellen für Saatgut von Raritäten und Spezialitäten lassen sich mit ihren botanischen Namen samt Sortennamen über Suchmaschinen im Web gut auffinden. Wir haben daher großen Wert auf diese korrekten Benennungen gelegt, sie bilden die international erkennbare Identität der Pflanzen.
SAMENFESTES SAATGUT bedeutet, dass die gesamte Bandbreite der typischen Merkmale einer Pflanze von Generation zu Generation in einem natürlichen Erbfluss weitergegeben wird. Die Nachkommen in der nächsten Generation sind mit ihren Eltern weitgehend ident. Handelt es sich bei der Pflanze um Selbstbestäuber, d. h. männlicher Pollen und weibliche Narbe einer Sorte vermählen sich von selbst, bleibt ihr Erbgut von selbst sortenrein und man kann ihre Samen für die nächste Saison ernten. Handelt es sich um Fremdbestäuber, d. h. die Befruchtung erfolgt mit Hilfe von Wind oder Insekten, muss man mit Techniken der Saatgutvermehrung (Isolation, Handbestäubung) dafür sorgen, dass es zu keiner Vermischung kommt.
HYBRIDSAATGUT ist ein Kunstprodukt für den einmaligen Gebrauch. Von diesen kann man kein Saatgut ernten. Das liegt daran, dass für deren Herstellung Inzuchtlinien verwendet werden und nur die erste Generation (F1) die gewünschten Eigenschaften hat.
Hybridsorten haben sich in der industrialisierten Landwirtschaft durchgesetzt, denn sie sind produktiver und liefern stabile, gleichförmige Produkte mit jenen Merkmalen, die für Anbau- und Erntetechniken sowie für den Handel am wichtigsten sind. Die natürliche Vielfalt geht bei dieser weltweiten Standardisierung verloren.

DIE ARCHE NOAH

Für Fülle und Vielfalt

Seit über 25 Jahren bewahrt und pflegt die ARCHE NOAH Tausende gefährdete Gemüse-, Obst- und Getreidesorten mit dem Ziel, diese traditionellen und seltenen Kulturgüter wieder in die Gärten und auf den Markt zu bringen. Das ARCHE NOAH-Samenarchiv beherbergt mit über 6000 Sorten derzeit eine der größten Kulturpflanzensammlungen Europas in unabhängiger, privater Hand. Bereits 14.000 Mitglieder und zahlreiche Spender unterstützen diese zukunftsorientierte Arbeit.
Samen bleiben nur begrenzt keimfähig, sie müssen immer wieder aufgefrischt werden. Jährlich wird daher ein Teil in den ARCHE NOAH-eigenen Vermehrungsgärten angebaut, beobachtet, verglichen, verkostet, dokumentiert und wieder eingelagert. Ein Netzwerk aus über 150 privaten ErhalterInnen und zahlreichen PartnerInnen sichert die dezentrale und lokal angepasste Erhaltung dieser Sortenvielfalt. Das gilt auch für die umfangreiche Sammlung alter Obst- und Beerenobstsorten. ARCHE NOAH sichert auch das Wissen zum anspruchsvollen Handwerk der Samengärtnerei. Dieses ist untrennbar mit den Pflanzen verbunden und wurde von der UNESCO in den schutzwürdigen Rang eines Traditionellen Kulturerbes erhoben.
Über einen Online-Shop, Jungpflanzenmärkte, im Schaugarten Schiltern sowie einem kleinen Store in Wien ist gepflegtes Saat- und Pflanzgut dieser gefährdeten Kulturpflanzen bereits in großer Vielfalt erhältlich. Noch mehr Auswahl gibt das ARCHE NOAH-Sortenhandbuch, in dem gegen eine Spende „Überschüsse“ aus der vereinseigenen sowie ehrenamtlichen Erhaltungsarbeit zum Nachbau in den Hausgärten angeboten werden. Die präzisen Angaben zu Lage, Bodengüte oder Klima der Herkunftsgärten eröffnen die beflügelnde Möglichkeit, nicht nur neue, sondern auch für die eigene Gartensituation bereits angepasste Sorten aufzufinden.
Im barocken Ambiente des Schaugartens von Schloss Schiltern (Gemeinde Langenlois im Kamptal) werden jährlich an die 500 Pflanzen in ihrer lebendigen Fülle gezeigt. An den Wochenenden und bei Veranstaltungen wird in der GARTENKÜCHE Köstliches aus dieser Vielfalt aufgetischt. Ein lohnendes Ausflugsziel für alle Garten- und Naturfans!
Die Konzentration auf wenige Arten und Sorten in der Hand weniger global agierender Konzerne bedroht die kleinstrukturierte Landwirtschaft und damit unsere Ernährungssicherheit. Saatgut muss daher Gemeingut bleiben! Tausch und Handel mit regional angepassten, samenfesten und damit von allen nachbaufähigen Sorten ist ein Grundrecht. Bildungsangebote, Publikationen und der Einsatz für bessere gesetzliche Rahmenbedingungen für die Vielfalt am Saatgutmarkt sind daher essentieller Bestandteil der Arbeit der ARCHE NOAH.
Weitere Details zu den umfangreichen Aktivitäten der ARCHE NOAH, Hinweise auf Öffnungszeiten und Veranstaltungstermine sowie jede Menge nützlicher Informationen über Pflanzen und das Gärtnern befinden sich auf der Website des Vereins: *www.arche-noah.at*

KONTAKT

ARCHE NOAH, Gesellschaft zur Erhaltung der Kulturpflanzenvielfalt und ihre Entwicklung,
Obere Straße 40, 3553 Schiltern
Telefon +43 (0)2734-8626
E-Mail: info@arche-noah.at

PUFFBOHNENSAAT

PUFFBOHNENJUNGPFLANZEN

MICROGREENS

WINTERPORTULAK

ASIA-SCHNITTSALAT

MOSCHUSKÜRBIS-PFLANZE

FRÜHBEETKASTEN

TIPPS FÜR GARTENNEULINGE

Kleine Starthilfe

KEIN GARTEN – NUR RASEN UND BETON? Beginnen Sie mit ein paar Töpfen, Blumenkisterln oder improvisieren Sie mit ein paar Joghurtbechern, abgeschnittenen Limoflaschen oder Tetrapackerln. Alles was mit Erde befüllt und mit einem Loch zum Abfließen von zu viel Wasser versehen werden kann, ist geeignet. Am Fensterbrett braucht es daher wasserdichte Untersetzer. Pflanzen, die flach wurzeln, rasch wachsen oder klein bleiben wie Schnittsalate, Radieschen, Rucola oder Microgreens aus Kraut und Rüben fühlen sich in flachen Gefäßen am wohlsten. Wer tiefer wurzeln muss, viel Durst hat oder langsam wächst, braucht entsprechend mehr an Topf.

ERDE ODER „SUBSTRAT", wie es die Gärtner gerne nennen, ist nicht gleich Erde. Unsere Pflanzen müssen sich darin verwurzeln und davon leben können. Daher sollte man auf den unterschiedlichen Bedarf an Nährstoffen achten. Kräuter brauchen wenig, Tomaten oder Chili sehr viel, Salate und Blattgemüse sind mit Universalerde zufrieden. Möchten Sie nicht nur Ihren Pflanzen, sondern auch der Umwelt Gutes tun, bevorzugen Sie Bioerde ohne Torf.

Der Nährstoffvorrat in einem Gefäß ist begrenzt. Sehr wüchsige Pflanzen, die viel Blatt und Früchte bilden sollen, brauchen während der Saison Nachschub. Im Handel gibt es organische (die sind besser als die rein mineralischen) **DÜNGER** flüssig oder trocken in Granulatform. Mit Regenwurmhumus oder Komposttee unterstützen Sie zudem die bioaktive Belebung. Eine Handvoll guter Erde hat Millionen von Mikrolebewesen, die mit den Pflanzen eine Symbiose eingehen.

Wir unterscheiden zwischen Pflanzen, die an Ort und Stelle in die Erde gesät werden, und solchen, für die wir besser zuerst Jungpflanzen vorziehen, um sie dann auf ihren endgültigen Standort zu versetzen. Beispiele für **DIREKTSAAT** sind Radieschen, Karotten oder Pastinake und Schnittsalate. Auch Kürbis, Gurke & Co. können gleich an ihren Platz, sie reagieren ohnehin etwas heikel aufs Umpflanzen.

JUNGPFLANZEN selber ziehen ist eine etwas längere Prozedur. Nach der Aussaat muss, manchmal mehrfach, in kleine Töpfchen vereinzelt (pikiert) werden.

Es gibt sie aber in großer Vielfalt bereits fertig zu erwerben. Gute Qualität erkennt man daran, dass die Pflänzchen wohlproportioniert sind, mit starken Trieben und kräftigen Blättern. Schieben sich ihre Wurzeln schon aus dem Topf oder haben sich darin kreisend verfilzt, dies mit scharfem Messer abschneiden oder abzwicken – für die Pflanze ist dies eine wichtige Hilfe zum Einwurzeln.

Auf den meisten Samenpackungen gibt es knappe Hinweise zur Aussaat. Viele Gemüse und Kräuter sind Dunkelkeimer, die Aussaattiefe ist als Faustregel zumindest zweimal so viel wie die Samen groß sind. Lichtkeimer werden nur fest an die Erde gedrückt. Die Keimdauer sagt uns, wie lange es braucht, bis sich die ersten Blättchen ans Licht schieben. Die ideale Keimtemperatur bezieht sich auf die gleichmäßige Boden- bzw. Substratwärme, nicht auf die Umgebung. Der **PFLANZABSTAND** erklärt sich aus dem potentiellem Platzbedarf bis zur Ernte. Wenn wir zu dicht gesät haben, und das ist meist der Fall, müssen wir die überschüssigen Pflanzen so bald als möglich herausziehen. Ein bewährter Trick bei ganz feinen Samen ist es, diese bereits vor der Saat mit ein wenig Sand zu „verdünnen".

GIESSEN nicht vergessen, im Topf speichert sich Wasser nicht so lange wie im Beet. Am besten ist weiches Regenwasser, jedenfalls nicht allzu kaltes Wasser, und wenn möglich am Morgen. Das Wachstum vollzieht sich bei Licht und damit während des Tages.

GEMÜSESORTEN & KRÄUTER

Register

Fett gesetzte Zahlen verweisen auf die Hauptinformation zu den einzelnen Pflanzen,
kursiv gesetzte Zahlen auf Abbildungen.

REZEPTE

Register

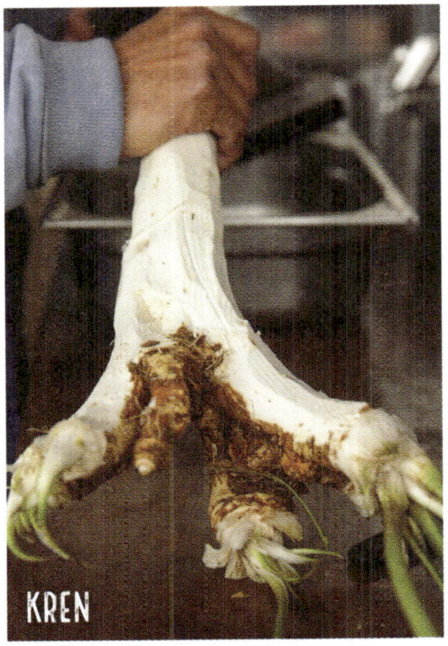
KREN

KÜRBISMARMELADE

RUSSISCHE GURKE

ESELSDISTEL

DAS AUTORENTEAM

der Gartenküche

ELISABETH PLITZKA, AUTORIN

Geboren 1960, ist Expertin für Gemüseraritäten, essbare Wildpflanzen und Kräuter sowie für Gartentherapie. Ihr privater Küchengarten ist Experimentierfeld und Hort der Vielfalt. Bei Gartenführungen und Reisen sowie als Autorin und Vortragende vermittelt sie mit Begeisterung aus ihrem großen Erfahrungsschatz. *www.gartengenuss.at*

BENJAMIN SCHWAIGHOFER, KOCH

Geboren 1982 in der Wachau, ist Koch in der neuen ARCHE-NOAH-GARTENKÜCHE. Inmitten des üppigen Sortengartens verkocht er mit viel Gespür frisch gepflückte Raritäten und vergessene Gemüse- und Obstvielfalt.

RUPERT PESSL, FOTOGRAF

Geboren 1983, geht durch den Garten – als Fotograf und Gärtner. Seine Aufmerksamkeit gilt dem flüchtigen Moment, der Schönheit im Alltäglichen.

DER DANK DER AUTORIN

geht zuallererst an Nancy Arrowsmith, Gründerin des Biogartenmagazins Kraut & Rüben sowie der ARCHE NOAH. Ihr italophiler Waldviertler Gemüsegarten war ein Paradies für meine Neugierde. Sie hat mir die Augen für die Vielfalt geöffnet und mich auch zum Schreiben ermuntert.
Ein umfassendes Danke an alle ARCHE-NOAH-GärtnerInnen der letzten 25 Jahre für ihre Pflanzenkunst, ihren ansteckenden Forschergeist und unglaublichen Einsatz. Ich durfte so viel lernen und ihre Arbeit inspiriert mich stets aufs Neue. Mit ihrem nachhaltigen Tun besonders geprägt haben mich Peter Zipser, Bernd Kajtna und Beate Koller.
Von Herzen Danke an meine Mutter, die mir den Zugang zu Garten und Natur eröffnete. Nie sonst habe ich mich ihr in meiner Kindheit so nahe gefühlt wie beim Ribiselpflücken, Hollerrebeln oder dem allabendlichen Gießauftrag, während sie mit dem Jäten und Pflanzen beschäftigt war.
Schon immer war ich lieber draußen im Garten als drinnen in der Küche. Dass ich dieser Vorliebe vermehrt folgen kann, verdanke ich meinem Mann Richard. Was gäbe es für eine bessere Wertschätzung für „mein" Gemüse, als unter seiner kundigen Hand in wohlschmeckende Nahrung verwandelt zu werden. Danke für diese beständige Liebeserklärung.

DER DANK DES KOCHES GEHT AN

die ARCHE NOAH, insbesondere an Gebhard Kofler-Hofer (†), der uns zur Partnerschaft verholfen hat. Ebenso an Katrin Ehlert, die großen Anteil daran hat, dass die Gartenküche in der ARCHE NOAH und damit nicht zuletzt dieses Buch entstehen konnte, sowie an Franco Baumeler, der mich so oft mit frischen, fantastisch schmeckenden Gemüse- und Obstraritäten aus dem Schaugarten versorgt.
Mein größter Dank gilt meinen Eltern. Meiner Mama, die mich schon in jungen Jahren an die große Welt des Kochens herangeführt und so viel Geduld mit mir hat, und meinem Vater, dem ich mein Qualitätsverständnis hinsichtlich Lebensmittel zu verdanken habe.
Ich danke meinen Küchenchefs und Kochkollegen rund um den Globus, Unterstützern und Freunden. Traude Horvath verdanke ich die absolut richtige Entwicklung hinsichtlich Gastronomie. Ein ganz besonderer Dank gilt meiner besten und langjährigen Freundin Mayou, die mich immer und bei ALLEM unterstützt hat und der ich auch meine (anfangs gemeinsame) Selbstständigkeit und noch viel mehr zu verdanken habe.
Und *last but not least* Roberto: Der wie es kein anderer versteht, mit seiner Energie und geistreichen Unterstützung immer neue kulinarische Projekte entstehen zu lassen!
Zu guter Letzt noch ein ganz besonderer Dank an meinen Sonnenschein!

DER GEMEINSAME DANK GEHT AN

Rupert Pessl, der ein geschultes Gärtnerauge für seine künstlerische Arbeit als Fotograf mitbringt. Er hat selbst bei Wind und Kälte die Gerichte aus der Freiluftküche in appetitliches Licht gesetzt. Mit seinen lustigen Einfällen ging auch die gemeinsame Arbeit am Foodstyling stets leicht von der Hand.
Ebenso möchten wir uns beim Pichler Verlag und seinem professionellen Team bedanken, insbesondere bei Maria Schuster, die für die gefällige, bildhübsche Gestaltung verantwortlich zeichnet, und bei Programmleiter Johannes Sachslehner.

ISBN 978-3-222-14005-1

pichler verlag

Wien – Graz – Klagenfurt

© 2017 by Pichler Verlag in der
Verlagsgruppe Styria GmbH & Co KG
Alle Rechte vorbehalten.

Bücher aus der Verlagsgruppe Styria gibt es
in jeder Buchhandlung und im Online-Shop
www.styriabooks.at

Lektorat: Johannes Sachslehner
Grafische Gestaltung und Cover:
Maria Schuster
Druck und Bindung: DZS Grafik
Printed in the EU
7 6 5 4 3 2 1

In Kooperation mit
ARCHE NOAH

BILDNACHWEIS

Arche Noah: 8, 10 (o. li., Mi., u. re.), 17 (u.), 21 (u. li.), 23 (Mi.), 27 (o.), 77, 80 (o. Mi. und re., u. re.), 83 (u. re.), 84, 117/118, 121 (o. li., u.), 122, 125 (Mi., u.), 130 (o. Mi., o. re.); **Doris Steinböck:** 17 (o. li., o. re., Mi.), 18 (o. li., u. re.), 21 (o. li.), 23 (o. li., o. re., u. re.), 25 (o., u.), 26 (u.), 74/75, 80 (o. li.), 83 (o. li., o. re.), 86 (u. li., u. re.), 121 (o. Mi., o. re., Mi.), 130 (Mi.), 133 (Mi., u. re.); **Elisabeth Plitzka:** 21 (o. re.), 80 (u. li.), 86 (o. re., Mi., u. Mi.), 125 (o.), 127 (o. re.), 130 (u. li.), 133 (o., u. li.), 186 (Mi.); **Kräutergärtnerei Rühlemann:** 21 (o. Mi.); **Wikimedia Commons:** 18 (o. re., Foto: Daniel Villafruela/Mitte, Foto:Vahe; Martirosyan/u. li.), 21 (u. re.: Foto AnRo 0002), 23 (o. Mi., Foto:Victor M. Vicente Selvas/u. li., Foto:Amada 44), 80 (Mi.), 83 (o. Mi., Foto: Jamain/Mitte, Foto: Maja Dumat, u. li., Foto: Shawn Campbell), 86 (o. li., Foto:Victor M.Vicente Selvas), 127 (o. li., Foto: GFDL/o. Mi., Foto: Michel Chauvet/Mi., Foto: Michel Chauvet/u. li., Foto: Atilin/u. re., Foto: GFDL), 130 (u. re., Foto: GFDL); **iStock:** 5.
Alle anderen und Coverfotos: **Rupert Pessl**

Paprikablüten

Natur schmecken und erleben